Staunen – Wissen – Entdecken

Ute Friesen

Mein Hessen-Buch

Wissensspaß für schlaue Kinder

Dieses Buch gehört

....

Mit Tipps von ZEIT leo, dem Kindermagazin

Ute Friesen

Mein Hessen-Buch

Wissensspaß für schlaue Kinder

Mit Illustrationen von Anne Bernhardi

emons:

Inhaltsverzeichnis

Kurpark in der Landeshauptstadt Wiesbaden

Nordhessen
Lahntal
Westerwald
Vogelsberg
Rhön
Spessart
Taunus
Rheingau
Rhein-Main-
Gebiet
Bergstraße
Odenwald

Wo liegt Hessen?

Was sind seine Grenzen?

Hessen liegt in der Mitte der Bundesrepublik Deutschland. Die Landschaft ist geprägt von Mittelgebirgen, Hügelländern und dazwischenliegenden Tälern. Das heutige Bundesland Hessen wurde nach dem Zweiten Weltkrieg am 1. Dezember 1946 gegründet. Seine Hauptstadt ist Wiesbaden. Von hier aus wird Hessen regiert. Die Abgeordneten des Landtages werden alle fünf Jahre von den Menschen in Hessen gewählt. Über 100 gewählte Vertreterinnen und Vertreter stimmen über neue Gesetze ab oder verändern Gesetze, die sie für nicht mehr aktuell halten.

Die Landesregierung besteht aus einer Ministerpräsidentin oder einem Ministerpräsidenten und Ministerinnen und Ministern. Sie haben dafür zu sorgen, dass die Verwaltung funktioniert, sind also für Schulen, Polizei, Vorschriften und Beamte zuständig.

Wasser als Grenze!

Der Rhein ist der größte Fluss in Hessen. Er fließt durch mehrere Länder. Im Südwesten Hessens bildet er die Grenze zu Rheinland-Pfalz. Der Neckar ist auf kleiner Strecke Grenzfluss zu Baden-Württemberg. Die Werra kreuzt immer wieder die Grenze zu Thüringen.

Buchen werden sehr alt. Sie können bis zu 40 Meter hoch werden.

Wie entstanden die Wälder Nordhessens?

Kaiserlich!

Mindestens 854 Schmetterlingsarten leben im Naturpark Keller-wald-Edersee, darunter auch der wunderschöne Kaisermantel. Seine Raupen ernähren sich von Veilchen.

Nordhessen hat einige große Wälder: den Kaufunger Wald, die Waldgebiete am Meißner, den Reinhardswald. Ihre Geschichte begann vor 300 Millionen Jahren. Damals war hier ein Meer, auf dessen Grund sich Sand und Ton abgelagert haben. Das Gestein wurde im Laufe der Zeit sehr stark zusammengepresst und zu Gebirgen gefaltet. Das dauerte natürlich viele, viele tausend Jahre. In die Gebirge haben sich wiederum die Flüsse eingegraben und ihre Wege gesucht.

Auf den Bergen in Nordhessen ist die Bodenschicht ziemlich dünn. Gleich darunter kommen die Steine. Auf den Böden kann man deswegen schlecht Gemüse oder Getreide anbauen. Wald aber wächst gut. Der berühmteste Wald Nordhessens ist der Naturpark Keller-wald-Edersee. Er ist als UNESCO-Weltnaturerbe geschützt. Hier gibt es noch Reste von Ur-Wäldern, also ganz ursprünglichen Wäldern, die nie gerodet wurden. Es leben dort heute echte Urwald-Käfer, die man in jüngeren Wäldern nicht finden kann.

Die meisten Bäume sind Laubbäume, Eichen, Linden und vor allem Buchen. Buchen werden zwischen 250 und

Bucheckern

300 Jahre alt, also viel, viel älter als Menschen. Bucheckern wurden früher zur Gewinnung des Buchenöls, eines guten Speiseöls, verwendet. Für einen Liter Öl werden ungefähr sieben Kilogramm Bucheckern benötigt. Das entspricht etwa 25.000 Stück!

Im Wald findet sich auch die Mopsfledermaus, die den Tag meist hinter der abgeplatzten Rinde von Bäumen oder Ästen verbringt. Sie jagt während der Nacht im Wald geräuschlos winzige Insekten. Ihr Mund ist so klein, dass sie größere Beutetiere nicht fressen kann – und Blut saugen tut sie nie! Wegen ihrer Schnauzenform wurde sie nach dem Mops benannt.

Im Wald finden sich die Mopsfledermaus ...

... und alte Schweinerassen.

Wer weidete im Wald?

Der Wald lieferte Brennholz und Holz zum Häuserbauen, aber die Menschen haben ihn auch als Weide für ihre Tiere genutzt. Oft wurden Schweine gehalten, die sehr gern Eicheln, die Früchte der Eichen, und Bucheckern fressen. Sie hielten auch nachwachsende Bäumchen klein. Typisch war der sogenannte Hutewald. Einen alten Hutewald, in dem Schweine weideten, erkennt man daran, dass die Bäume nicht sehr dicht stehen, dass aber einzelne Bäume sehr dicke Stämme haben und groß geworden sind. Unter diese Bäume konnten sich die Schweine bei großer Hitze zurückziehen.

In Hessen werden die meisten Schweine, deren Fleisch man beim Metzger und im Supermarkt kaufen kann, im Stall gehalten. Sie sehen nie Tageslicht und dürfen auch nicht frei herumtollen. Die Mitglieder vom Verein Basdorfer Hutewald lassen jedoch ihre Schweine wieder draußen im Wald weiden. Sie halten alte Schweinerassen, die robust genug dafür sind. Die Schweine leben gesünder und vermutlich auch glücklicher.

Wie kamen Korallen in den Westerwald?

Der Westerwald gehört zum Rheinischen Schiefergebirge. Schiefer ist ein Stein, der in dieser Gegend häufig vorkommt. Es findet sich aber auch Kalkstein, der aus einer Zeit stammt, als sich im Westerwald ein tropisches Meer befand. Das Wasser war zu jener Zeit immer über 20 Grad warm. Im warmen Wasser wuchsen Korallen – kleine, wie Blumen aussehende Tiere, die an einer Stelle fest mit dem Boden verbunden sind. Wenn eine Koralle abstarb, blieb ihr Kalkskelett übrig, auf dem neue Korallen wuchsen. So bildeten sich Riffe. Heute liegen die Riffe meist unter der Erdoberfläche.

Gern wird zum Schutz die Wetterseite der Häuser mit Schiefer verkleidet, hier in Seligenstadt.

Schiefer liegt schief!

Schiefer besteht aus dünnen Steinplatten, die oft schräg aneinandergepresst liegen, wie Dominosteine, die alle in die gleiche Richtung aufeinanderfallen, wenn man einen antippt. Aus den Platten kann man Dächer bauen oder mit ihnen Hauswände verkleiden.

Das Herbstlabyrinth *gehört zum größten Höhlensystem Hessens.*

Da Kalk sich in Wasser auflöst, spülten im Lauf der Jahrtausende Wasserläufe Höhlen in den Stein. Zu den bekanntesten Höhlen im Westerwald zählen die miteinander verbundene Adventshöhle und das Herbstlabyrinth. Man kann diese Höhlen besichtigen, obwohl sie noch nicht völlig erforscht sind. 125 Stufen musst du in die Tiefe steigen. LED-Lampen beleuchten die schönsten Tropfsteine.

Die Basaltfelsen *bei Driedorf sind als Naturdenkmal geschützt.*

Entdecke die Schauhöhle Herbstlabyrinth Breitscheid!

Zusammen mit der Adventshöhle ist das Herbstlabyrinth das größte Höhlensystem Hessens: Über zwölf Kilometer schlängeln sich die Gänge dieser Tropfsteinhöhle, die bis zu 92 Meter tief unter die Erde gehen. Seit 1999 steht die Höhle unter Natur- und Denkmalschutz. Einen Teil, die sogenannte Knöpfchenhalle, kannst du besichtigen.

Dafür musst du viele Stufen hinabsteigen und gehst – unten angekommen – über Stege, die in die Höhle gebaut wurden. So kannst du verschiedenste Tropfsteinformen und glitzernde Wände, Decken und Böden entdecken, die mit besonderen Lampen angestrahlt werden. Bei der einstündigen Führung erfährst du zum

Wo gibt es das ganze Jahr über Eis?

Der Westerwald ist ein Mittelgebirge. Nur im Hochgebirge sind Gipfel so hoch, dass das ganze Jahr über Eis und Schnee auf den Gipfeln liegen bleiben. Im Westerwald aber gibt es eine Stelle, an der der Boden unter den Steinen das ganze Jahr über gefroren bleibt: den Dornburger Eisstollen. Dort gibt es also das ganze Jahr über Eis! Etwa vor 180 Jahren sollte eine Straße gebaut werden. Die Arbeiter, die die Steine abtragen sollten, stellten fest, dass es unter den Blöcken aus Stein Eis gab. Das war eine tolle Entdeckung. Da die Steine aus Basalt sind, halten sie die Wärme ab, die darunterliegende Schicht bleibt kalt. Aus diesem Grund hängen an manchen Felsbrocken Eiszapfen. Im Sommer spürt man kalte Luft am Fuß des Hanges aus dem Berg herauswehen. Die Stollen in die Kälte wurden ursprünglich gegraben, um dort den Sommer über Schnee zu lagern. Damit wurde Bier einer Brauerei kühl gehalten.

Beispiel, wie sich Tropfsteine bilden, wie Höhlen erforscht werden und welche Tiere dort gelebt haben oder immer noch zu Hause sind. Außerdem hast du die Möglichkeit, einen Tropfstein und den Knochen eines Höhlenbären anzufassen, der über 30.000 Jahre alt ist.

Schauhöhle Herbstlabyrinth
An der K68
35767 Breitscheid
www.schauhöhle-breitscheid.de

Überall tropft es

Wer lebte an den Ufern der Lahn?

Die Lahn fließt nicht nur durch Hessen. Sie entspringt in Nordrhein-Westfalen und mündet in Rheinland-Pfalz in einen noch größeren Fluss, den Rhein. Dazwischen durchfließt die Lahn Hessen. An ihr liegt unter anderem auch die Stadt Biedenkopf. Dort ist im Fluss eine Skulptur aufgestellt, die der Künstler Ubbo Enninga gestaltet hat: El Niño (das heißt auf Deutsch: der Junge). Der Junge aus Bronze hält seine Fingerspitzen über das Wasser. Die Skulptur soll beruhigend auf die Wasser der Lahn einwirken, damit sie nicht über die Ufer tritt. Anschließend fließt die Lahn durch die Städte Marburg, Gießen, Wetzlar, Solms, Weilburg und Limburg, wo schon in der Steinzeit Menschen am Ufer wohnten und wo du von einem Kalkfelsen aus den Limburger Dom von Weitem sehen kannst.

Der Maler Georg Michael Mades *hat Marburg und die Lahn 1842 gemalt.*

Auch die kleine Beutelmeise baut an den Ufern der Lahn ihr Nest.

Immer schön aufpassen!

Am Ufer der Lahn leben noch andere Vögel: Im Röhricht finden Rohrammer, Sumpfrohrsänger und Nachtigall geeignete Brutplätze. Hinter dem Ufer liegen teilweise feuchte Wiesen. Sie sind wichtige Brutreviere für Kiebitze und Braunkehlchen.

Die Ufer der Lahn sind an manchen Stellen mit Steinen oder Mauern eingefasst. Dort aber, wo das Ufer natürlicher erhalten ist, bietet es Lebensraum für viele Tier- und Pflanzenarten. Die Uferpflanzen geben Insekten und Kleintieren das ganze Jahr über Nahrung und Versteckmöglichkeiten.

In den Weiden am Ufer bauen Beutelmeisen ihr Nest. Die Tiere sind kleiner als Spatzen. Das Männchen sieht aus, als ob es eine große schwarze Maske um die Augen trägt, die »Maske« des Weibchens ist etwas kleiner. Der männliche Vogel beginnt im Frühling mit dem Nestbau. Er stellt das Nest, das wie ein Beutel mit Loch aussieht, aus gebogenen Zweigen her, die er kunstvoll wie ein Körbchen flicht. Damit das Nest besser hält, verwendet er als Klebstoff Spinnenweben und den klebrigen, wolligen Samen von Weiden und Pappeln. Mit der Zeit sieht das Nest aus, als wäre es aus hellem Filz. Das Männchen lockt mit seinen Rufen Weibchen an und baut das Nest erst zu Ende, wenn es eine Partnerin gefunden hat.

Ausflugstipp!

Das Rotauge kann eine Länge von bis zu 50 Zentimetern erreichen.

Ein Fenster in die Lahn

Das weißt du: Fische können nicht gut klettern, aber aufwärts schwimmen sehr wohl. Lange stand Fischen, die in Gießen die Lahn aufwärts unterwegs waren, eine von Menschen gebaute Staustufe im Weg. Damit die Fische das zwei Meter hohe Hindernis überwinden können, hat man am Kinkel'schen Wehr eine Fischtreppe mit einem Schaufenster gebaut, durch das Besucher unter Wasser in den Fluss schauen und die Fische beim Vorbeischwimmen beobachten können. Es sind so viele Menschen gekommen, dass der Beobachtungsraum inzwischen vergrößert wurde. Die vorbeischwimmenden Fische werden automatisch bestimmt und gezählt. Das hilft Wissenschaftlern zu erkennen, wie gut die Lebensbedingungen im Wasser der Lahn sind. Du musst etwas Geduld mitbringen, denn die Fische werden nicht in einem Aquarium gehalten, sondern man muss warten, bis sich ein Tier zeigt. Es gibt unter anderem Forellen, Nasen, Barsche und Rotaugen zu sehen. Die grünlich goldenen Barben ziehen besonders von Mai bis Juli häufig vorbei. Dann wollen sie weiter oben im Fluss laichen, also Eier legen. Eine Barbe legt bis zu 9.000 Eier im Jahr. Sie wird zwölf bis 15 Jahre alt.

Lahnfenster Hessen
Bootshausstraße 8
35390 Gießen
https://rp-giessen.hessen.de/umwelt-natur/landwirtschaft-fischerei/lahnfenster-hessen

Der Fernmeldeturm auf dem Hoherodskopf wurde 1977 eingeweiht. Er ist 144 Meter hoch.

Wie entstand der Vogelsberg?

Der Vogelsberg ist vulkanischen Ursprungs. Zu Beginn des Vulkanismus – vor etwa 18 Millionen Jahren – entstand eine Landschaft mit einer Vielzahl einzelner feuerspeiender Berge.
Der Vogelsberg ist das größte Vulkangebiet in Mitteleuropa und besteht aus Basalt. Dieses Gestein entstand, als in den Vulkanen Teile des Erdmantels geschmolzen wurden. Der Stein wurde bis zu 1.200 Grad heiß und zähflüssig. An der Erdoberfläche kühlte er wieder ab und wurde hart.

Basalte haben an manchen Stellen grüne Flecken. Das sind Kristalle, die spätere Vulkanausbrüche direkt aus dem Erdinnern an die Oberfläche geschleudert haben. Das Innere der ehemaligen Vulkanschlote wurde zu besonders hartem Basaltgestein, sodass man sie heute noch als Kuppen erkennen kann. Darauf liegen oft Orte, von denen man einen wunderbaren Ausblick hat. Dörfer und Städtchen wie Stornfels, Herbstein oder Ulrichstein sind auf erstarrten Vulkanschloten errichtet worden.

Warum ist es am Vogelsberg gern nass und kalt?

Beim Hoherodskopf im Vogelsberg befindet sich das nasseste Plätzchen in Hessen. Dort regnet und schneit es um die 1.300 Liter pro Jahr und Quadratmeter, im Vergleich dazu gibt es am trockensten Platz in Hessen, nämlich in Geisenheim, nur 550 Liter im Jahr. Die hohe Regenmenge fällt am Hoherodskopf, weil alle Regenwolken, die fast immer von Westen her kommen, am Berg hängen bleiben und sich dort abregnen. Aufgrund des Windes wird der meiste Regen allerdings über den Gipfel hinweggeweht und fällt dann knapp hinter dem Hoherodskopf.

Am Hoherodskopf gibt es auch ein Hochmoor, die Breungeshainer Heide. Das Wasser reicht von unten bis zu zwei Zentimeter an die Pflanzenschicht heran. Die kälteste Ortschaft in Hessen ist Herchenhain im Vogelsberg: Nur 6,4 Grad ist es dort im Jahresdurchschnitt warm! Das liegt daran, dass Herchenhain auch das höchstgelegene Dorf in Hessen ist und es in der Höhe immer kälter ist als im Tal. Bei Herchenhain gibt es sogar ein kleines Skigebiet.

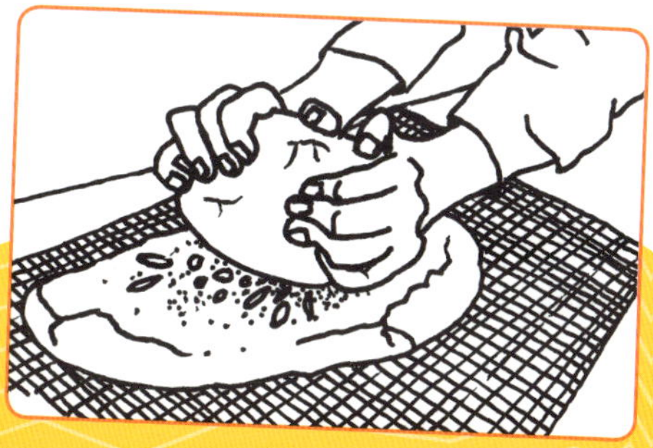

Mehl mahlen mit Basaltsteinen

Mühlsteine sind meist aus Basalt, weil dieses Gestein sehr hart ist. Mache es wie die Menschen der Steinzeit, die ihre Körner zwischen Basaltsteinen zerrieben und dadurch Mehl gewonnen haben.

DU BRAUCHST:
Basaltsteine, Weizen-, Gersten- oder Haferkörner, Küchentuch

SO GEHT'S:
Suche dir draußen in der Natur einen flachen und einen runden Basaltstein. Weiche sie in klarem Wasser ein und schrubbe sie gründlich mit einer Bürste. Lege den flachen Stein mit einem Tuch als Unterlage auf den Küchentisch. Gib ein paar Getreidekörner auf den flachen Stein und zerdrücke sie mit dem runden Stein. Fahre so oft hin und her, bis aus dem Korn Mehl geworden ist.

Was wächst in der Rhön?

Die Landschaft der Rhön wurde über Jahrhunderte durch die Menschen gestaltet, die dort lebten. Sie ist eine vom Menschen geprägte sogenannte Kulturlandschaft. Das heutige Bild dieses Mittelgebirges wird bestimmt durch Wiesen und Weiden, Äcker, Siedlungen und Waldgebiete. Die Böden sind nicht besonders fruchtbar, und das Wetter ist oft kalt und windig. Auf den Höhen konnten die Bauern früher nicht sehr viel ernten. Man brauchte viel Ackerfläche, um wenige Menschen satt zu bekommen. Die angebauten Getreide-, Gemüse- und

Der »Ausbacher Roter« ist eine alte Apfelsorte.

Apfelringe trocknen

Um den ganzen Winter Äpfel essen zu können, kannst du im Herbst welche trocknen.

DU BRAUCHST:
eine kleine Salatschüssel, halbvoll mit Wasser, Saft einer Zitrone, 1 Prise Salz, 3 Äpfel, einen Kerngehäuseausstecher, ein Küchenmesser, ein Schneidebrettchen, ein Abtropfgitter, eine Schnur

SO GEHT'S:
Fülle Wasser und den Zitronensaft mit wenig Salz in eine Schüssel. Nun musst du die Äpfel schälen, das Kerngehäuse herausstechen und die Äpfel in Scheiben schneiden. Je dünner die Scheiben sind, desto besser. Nun werden die Scheiben etwa 10 Minuten in das Zitronenwasser gelegt. Anschließend musst du die Ringe zum Abtropfen auf ein Gitter legen.
Um die Ringe zu trocknen, fädelst du sie auf und hängst die Schnur für 3 bis 4 Tage auf. Achte darauf, dass an alle Ringe Luft kommt. Fertig sind die Apfelringe, wenn sie biegsam sind und beim Zusammendrücken kein Saft mehr austritt.

Rhönschafe legen große Entfernungen problemlos zurück.

Obstsorten mussten robust sein, wie zum Beispiel der Ausbacher Roter, ein Apfelbaum, der so gut wie jedes Jahr Früchte trägt. Der Baum gedeiht auch auf kargen Böden, und die Blüten halten schlechtes Wetter gut aus. Die Äpfel schaffen es, im Herbst auch an windigen Tagen fest am Baum hängen zu bleiben. Sie lassen sich lange lagern und schmecken noch im Winter gut. Auch Apfelsaft kann man aus ihnen pressen: Die Apfelsorte ist also ideal für die Bedingungen der Rhön. Ausbach, der Ort, nach dem diese Rhöner Apfelsorte benannt ist, gehört heute zu Hohenroda.

Wer weidet auf den Streuobstwiesen?

Die Wiesen unter den Apfelbäumen können von Schafen kurz gehalten werden. Auch die müssen mit dem nicht immer angenehmen Wetter der Rhön klarkommen. Das Rhönschaf ist eine Rasse, die nichts gegen einen Regenschauer hat und mit ihren harten Hufen auch dann einen festen Stand hat, wenn es mal rutschig wird. Das Schaf hat helle Wolle und einen hornlosen schwarzen Kopf, auf dem keine Wolle wächst. Die Rasse ist eine der ältesten in Deutschland. Da die Tiere nicht so schnell wachsen wie andere Schafrassen, kann man mit ihnen wenig Geld verdienen.

Sabine Frank zeigt Kindern die Sterne.

Warum ist es in der Rhön so dunkel?

Interview mit Sabine Frank, der Ansprechpartnerin für den Sternenpark Rhön.

Was ist ein Sternenpark?

Ein Sternenpark ist eine möglichst große zusammengehörige Landschaft, in der nachts besonders viele Sterne und andere Himmelswunder gesehen werden können. Normalerweise sind die Nächte dunkel, aber durch den Einsatz von künstlichem Licht machen wir die Nächte hell. Das nennt man Lichtverschmutzung. Die ist schlecht für die Umwelt, aber auch für den Menschen, weil uns Licht nachts länger wach hält und uns und den Tieren nicht die nötige Ruhe gibt. Im Sternenpark haben viele Dörfer und Städte beschlossen, nachts künftig nach bestimmten Regeln zu beleuchten, damit Licht nicht zu sehr stört.

Was ist Ihre Aufgabe im Sternenpark Rhön?

Ich habe sehr viele Aufgaben. Zum Beispiel helfe ich den Gemeinden und Bürgermeistern, den Hausbesitzern und den Firmen, gute Leuchten zu finden. Manchmal muss ich auch böse Briefe schreiben, wenn jemand zum Beispiel im Straßenverkehr blendet. Die Nacht zu schützen ist oft sehr anstrengend. Ein schöner Teil meiner Arbeit ist es, Sternenführungen und Sternenfeste zu planen und zu organisieren.
Wir sind ein richtig gutes Team von Sternenführern. Im letzten Frühling haben wir außerdem einen Workshop für Kinder gemacht. Der hieß »Rettet die Nacht«. Dann mache ich noch gemeinsam mit Roland vom Sternenpark-Verein die Öffentlichkeitsarbeit. Das heißt, dass wir Facebook-Nachrichten

schreiben oder auch die Website aktualisieren.

Warum ist es in der Rhön nachts dunkler als anderswo?
Es gibt viele Gegenden in Deutschland, die noch natürlich dunkle Nächte haben. In der Rhön wohnen nicht so viele Menschen, und die Rhön ist recht hoch. Dadurch sind wir den Sternen etwas näher. Und wir passen auf unsere Nächte gut auf.

Welche Tiere brauchen dunkle Nächte, damit es ihnen gut geht?
Alle Tiere, die draußen schlafen, brauchen natürlich dunkle Nächte. Die tagaktiven Tiere wie zum Beispiel die Amseln wollen nachts ohne Licht schlafen.

Beobachten Sie selbst gern Sterne?
Ja, ich beobachte den Himmel am Tag und in der Nacht sehr gern. Sterne gibt es in verschiedenen Farben. Aber man sieht ja auch die Milchstraße und die Planeten. Sternegucken ist ein wundervolles Hobby. Es ist cool, so weit in das Weltall hineinschauen zu können.

Was entsteht aus Quarzstein?

Der Taunus ist ein sehr altes Gebirge. Er gehört zum Rheinischen Schiefergebirge. Ein sehr häufiger Stein dort ist der Taunusquarzit. Er wird abgebaut, um daraus Häuser zu bauen. Quarz ist auch der Ausgangsstoff für Glas. Dazu wurde der Quarz zu Sand zerrieben und geschmolzen. Die Glasbläser im Taunus beherrschten die Herstellung von grünem, blauem und rotem Glas, verzierten Gläser mit zähflüssigen Glasfäden und stellten Gläser mit Noppen, die sogenannten Noppengläser, her.

Herausragend!

Quarzit ist sehr hart. Deshalb ragen Quarzitfelsen oft aus einer Landschaft hervor, deren weichere Steine im Laufe der Erdgeschichte durch Wind und Wetter immer flacher geworden sind.

Warum stehen im Taunus Edelkastanien?

An den südlichen Hängen des Taunus, die man Vortaunus nennt und wo die Temperaturen mild sind und die Winde durch Berge gebremst werden, trifft man auf Wälder aus Edelkastanien. Sie sind dort nicht zufällig gewachsen, sondern sie wurden von der Bevölkerung angepflanzt. Im Juni blühen die Bäume weiß und duftend. Im Oktober tragen sie runde, stachelige Fruchthülsen. In ihnen stecken die Nüsse, die man auch Maronen oder hier in der Region »Keschde« nennt. Einzelne Bäume, wie etwa die am Salzweg bei Mammolshain, sind 200 Jahre alt, man braucht mehrere Menschen, um sie ganz zu umfassen.

Damit der Ertrag der Kastanien hoch war, wurden ganze Kastanienhaine gepflanzt. Wuchsen mehr Früchte, als die Menschen für sich zubereiten konnten, wurde der Rest als Tierfutter verwendet. Die Früchte ließen sich gut auf Märkte transportieren und dort verkaufen. Das Holz der Bäume ist überaus dauerhaft und verwittert auch draußen sehr langsam. Deswegen ist das Holz der Kastanie bei Schreinern beliebt.

Der Anbau von Edelkastanien lohnte sich, solange es noch keine Zugverbindung nach Italien gab. Weil dort die Kastanien schneller wachsen und ab 1882 mit dem Zug nach Deutschland transportiert wurden, war der Anbau in Deutschland nun nicht mehr wirtschaftlich. Heute sammeln die Menschen im Taunus ihre Kastanien nur noch, um sie selbst zu essen.

Die stachelige Schale verbirgt …

… die leckere Frucht der Esskastanie.

Esskastanien können rund 30 Meter hoch und mehrere hundert Jahre alt werden.

In ganz Hessen gibt es nur noch zwischen 200 und 250 Brutpaare des Wendehalses.

Der Grünspecht sucht auf der Wiese nach Ameisenlarven – seiner Lieblingsnahrung.

Wonach ist der Spessart benannt?

Hardt ist ein alter Name für Bergwald. Der Spessart hieß vor 1.200 Jahren noch Spehteshart, ein Wald im Gebirge, in dem Spechte lebten. Und das tun sie bis zum heutigen Tag! Im Spessart sind sieben Spechtarten daheim. Der größte Specht ist der Schwarzspecht.
Wenn ihr beim Spaziergang im Spessart einen Specht trommeln hört oder gar einen Specht zu Gesicht bekommt, dann ist es meist ein Buntspecht. Buntspechte sind die häufigsten Vertreter ihrer Art und fallen wegen ihres farbenfrohen schwarz-weiß-roten Gefieders auf. Sie fressen gern Kirschen, Erdbeeren, Käfer, Ameisen und Nüsse. Die Spechte klopfen an Baumrinden, um Nahrung zu finden. Sie klopfen aber auch, um miteinander zu sprechen, da sie keine Stimme wie Singvögel haben. Ihr Kopf ist so gebaut, dass sie trotz der Erschütterungen beim Trommeln keine Kopfschmerzen

bekommen, wenn sie weit hörbar gegen das Holz klopfen.
Neben Bunt- und Schwarzspechten leben im Spessart Kleinspechte, Mittelspechte, Grün- und Grauspechte und der Wendehals – auch ein Specht, der aber im Gegensatz zu seinen Verwandten seine Bruthöhle im Baum nicht selbst bauen kann, sondern in verlassene Höhlen einzieht. Wendehälse sind allerdings selten. Sie stehen auf der Roten Liste der vom Aussterben bedrohten Arten.

Aus welchem Gestein besteht der Spessart hauptsächlich?

Der Spessart besteht zum größten Teil aus Sandstein. Als die Buntsandsteine des Spessarts entstanden, hatten die Kontinente auf der Erdkugel noch eine ganz andere Position. In unseren Breitengraden war es heiß und trocken, so wie heute in der Wüste Sahara. Riesige Flüsse spülten Sand dorthin, wo heute der Spessart liegt. Teilweise lag er 700 Meter hoch. Im Laufe der Zeit wurde der Sand zusammengepresst und dadurch fest. Aus diesem wurde Stein, Sandstein. Viel seltener als der Buntsandstein ist der nach dem Spessart benannte Spessartin. Spessartin ist orange oder braunrot und bildet schöne, meist aber nicht ganz durchsichtige Kristalle. Der schönste Spessartin-Kristall aus dem Spessart liegt nicht in Hessen, sondern im berühmten Naturkundemuseum von London.

Spessartin-Kristall. *Das Mineral gibt es sogar auf dem Mond.*

In der Wetterau gedeiht auch Kohl.

Was gedeiht so gut in der Oberrheinischen Tiefebene?

Das Rhein-Main-Gebiet ist heute bekannt für seine großen Städte. In Wiesbaden, Frankfurt oder Offenbach leben die Menschen eng zusammen. Die Städte und Orte konnten unter anderem deswegen so gut wachsen und gedeihen, weil im Umland viele Nahrungsmittel angebaut werden können. Die eher flachen Landschaften des Rhein-Main-Gebietes, die Wetterau und die Hessische Senke, gehören zur sogenannten Oberrheinischen Tiefebene. Der Rheingau und die Bergstraße liegen an den Hängen der Tiefebene in bergigerem Gebiet. Der Oberrheingraben und seine Randzonen zu den Gebirgen hin haben die mildesten Winter und die wärmsten Sommer in Deutschland – in denen es vergleichsweise selten regnet oder schneit. So können gerade im Rheingau auch Weintrauben, die Wärme lieben, gut gedeihen.

Die Böden, also die obersten Schichten der Erde, bestehen in den hessischen

Gebieten der Oberrheinischen Tiefebene aus Löss. Löss ist sehr fruchtbar, er kann Nährstoffe für Pflanzen und Wasser ausgezeichnet speichern. Der Löss war früher extrem feiner Staub, der während der Eiszeit von Stürmen über das Land getrieben wurde und sich abgesetzt hat. In den oberen Bodenschichten haben Lebewesen Pflanzenteile zersetzt. In einer Handvoll Ackerboden leben mehr Lebewesen als Menschen auf der gesamten Erde. Im Boden befindt sich in den oberen 20 Zentimetern neben Lösslehm Kot dieser Bakterien, Pilze und Würmer. Der Kot düngt wunderbar den Boden.

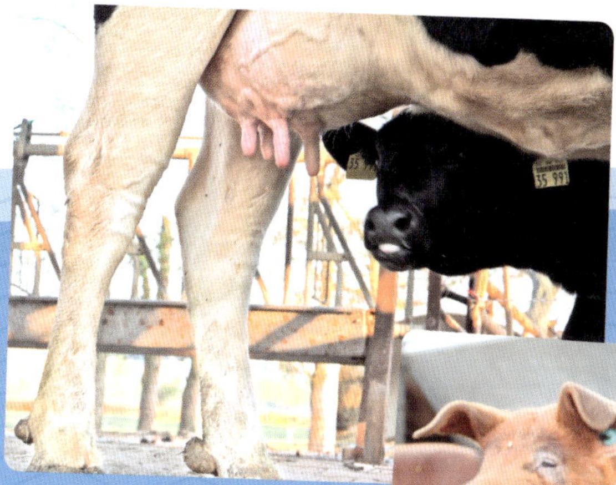

Ausflugstipp!

Landleben erleben: Dottenfelder Hof

Manche Höfe, etwa der Dottenfelder Hof in der Wetterau, haben auch Schulbauernhöfe, die man mit der Schulklasse oder der Familie besuchen kann, um etwas über die Arbeiten und das Leben in der Landwirtschaft zu lernen. Der Dottenfelder Hof hat eine Kuhherde, die Milch für Käse liefert. Auf den Äckern wächst Getreide, das in einer eigenen Mühle gemahlen und aus dem dann in der Hofbäckerei Brot gebacken wird. Außerdem leben dort Schweine, Schafe, Arbeitspferde, Legehennen und Bienen. Auf den Feldern gedeihen Möhren, Kartoffeln, Rüben, Lein, Klee und Luzerne. An Obstbäumen und Sträuchern reifen Beeren, Kern- und Steinobst. Du kannst hier also sehen, wo und wie unsere Nahrungsmittel wachsen.

Dottenfelder Hof 1
61118 Bad Vilbel
www.dottenfelderhof.de

Wer war in Hessen unterwegs?

Wer benutzte die ersten Lampen?

Die älteste Lampe der Welt wurde in Hessen gefunden, sie ähnelt allerdings nicht gerade unseren LED-Deckenleuchten. Sie ist aus Stein und stammt aus einer Zeit, als noch alle Werkzeuge und Geräte aus Steinen, Fell, Holz oder Knochen bestanden: der Steinzeit. Die Lampe wurde verwendet, ehe moderne Menschen, die man als Homo sapiens sapiens bezeichnet, in Hessen lebten. Bei uns waren Frühmenschen daheim, die wir Neandertaler nennen. Heute sind sie ausgestorben. Diese Neandertaler lebten in Höhlen oder – etwa in Edertal-Buhlen – in Zelten. Um ein Licht zu haben, das nicht zu sehr raucht und rußt, stellten sie einfache Talglampen her. An sich ist das lediglich ein Stein mit einer Mulde in der Mitte. In diese füllte man Talg, das erhärtete Fett von erlegten Tieren. Als Docht wurde trockenes Moos verwendet: Fertig war die Kerze.

Die Neandertaler fertigten ihre vielen Werkzeuge aus Stein, den sie im Geröll fanden.

Ein Vorläufer zu unserer Taschenlampe wurde in Hessen gefunden.

Was hat man noch aus der Zeit der Neandertaler gefunden?

Man hat in Buhlen viele weitere Hinterlassenschaften der Neandertaler gefunden, etwa Feuerstellen und 15 Messer und Schaber aus Stein. Forscher haben Knochen der Tiere ausgegraben, die die Neandertaler gejagt und aufgegessen haben: Mammut, Wollnashorn, Wisent, Wildpferd, Ren, Riesenhirsch und Bär. Auch Wölfe und Tüpfelhyänen tummelten sich damals in Hessen. In Buhlen hatte die Großfamilie, die dort jagte, vom Felsen aus einen guten Blick ins Tal, um schon von Weitem Tierherden oder Feinde kommen zu sehen. Die Steine für ihre Werkzeuge fanden sie im Geröll der Eder.

Wer waren die Kelten?

Wenn wir über die Menschen von vor 2.500 Jahren sprechen, dann stellen viele Leute die Frage: Welche Nationalität hatten sie? Heute haben fast alle Menschen einen Pass oder ein anderes Dokument, in dem steht, welche Nationalität sie haben: deutsch oder italienisch oder bolivianisch oder ... Hätte man das einen Bewohner Hessens damals gefragt, hätte der sich sehr gewundert. Die Völkernamen, die wir heute kennen, haben sich nicht die Menschen ausgedacht, die damals in Hessen lebten, sondern die, die über sie geschrieben haben – und einen Ausweis hatte niemand.

Die Steinfigur eines keltischen Fürsten ist im 2011 eröffneten Museum am Glauberg zu sehen.

Es gab »Kulturen«, damit sind Menschen gemeint, die eine gemeinsame Sprache hatten, ähnliche Feste feierten und ähnliche Gegenstände benutzten. So kann man zum Beispiel die Germanen von den Kelten unterscheiden.

Die Kulturgruppen lebten aber nicht abgeschottet. Sie handelten mit Waren von weit her und kannten andere Gegenden der Welt. In Hessen hat man einen keltischen Ring gefunden, der mit Korallen verziert ist, die in tropischen Meeren leben. Bezahlt wurde bei den Kelten in Hessen mit Regenbogenschüsselchen. Man nennt diese Münzen so, weil sie gebogen sind und weil man vor 450 Jahren dachte, dass solche Münzen entstanden seien, als Sonne und Regen einen Regenbogen entstehen ließen.

Welch ein Schatz!

Einen großen Schatz von 200 Münzen haben Kinder durch Zufall 1880 bei Mardorf gefunden. Teilweise zeigen die Münzen Vogelköpfe und Wirbel. Die Münzen bestanden aus Gold, Silber und Kupfer.

Mitmachtipp!

Backe Keltenkringel!

In einem keltischen Grab hat man dieses Gebäck gefunden und konnte das Rezept rekonstruieren.

DU BRAUCHST:
2 g Pottasche, 1 Eiweiß, einen Rührlöffel, eine Schüssel, 125 g Dinkelvollkornmehl, 100 g flüssigen Honig, 30 g weiche Butter, 1 Prise Salz

SO GEHT'S:
Löse die Pottasche im Eiweiß auf. Verrühre die Mischung in einer Schüssel mit allen anderen Zutaten zu einem klebrigen Teig.

Forme 15 Kugeln mit den Handflächen und gebe sie flach gedrückt auf ein Backblech. Drücke in die Mitte jeden Plätzchens mit dem Rührlöffelstiel ein Loch. Backe die Kringel 15 Minuten lang bei 180 Grad. Dann sind sie goldgelb.

Wie stellten die Kelten Salz her?

Im Raum Bad Nauheim erkannten die Bewohner vermutlich schon vor über 2.500 Jahren, dass die natürlich austretenden Quellen entlang des Usa-Ufers salzhaltig sind. Man nennt salzhaltiges Wasser Sole. Die Kelten nutzten die Solequellen, um Salz herzustellen. Die Menschen verwendeten es nicht nur als Gewürz, sondern machten damit auch Lebensmittel haltbar. Es gab ja noch keine Kühlschränke oder Gefriertruhen. Außerdem gab das Vieh mehr Milch, wenn es Salz bekam. Dadurch war das Salz zeitweise fast so wertvoll wie Gold – es wurde deswegen auch »weißes Gold« genannt.

Eine alte Saline *gibt es in Bad Nauheim zu besichtigen.*

Womit handelten die Kelten außerdem?

Ein anderes wichtiges Handelsgut war Eisen. Die Keltenzeit nennt man auch Eisenzeit, denn die Kelten erfanden die eiserne Hacke und die Sense, vor allem aber die eiserne Pflugschar, um die Böden zu bearbeiten. Eisen war begehrt, musste aber aus eisenhaltigen Steinen geschmolzen werden. Das war aufwendig. Im Tal der Dill und an deren Mündung in Wetzlar gab es Eisenerz, also Steine mit hohem Eisenanteil. Die stapelte man zusammen mit Holzkohle in Lehmöfen auf und ließ das Eisen im Feuer flüssig werden. Diese Öfen werden Rennöfen genannt. Das Eisen wurde in Stäben oder Klumpen verkauft, oft aber auch schon fertig verarbeitet: als Handwerkszeug, als Gerät für die Landwirte oder als Waffe. Die Kelten waren gute Schmiede.

Reichtum in Weiß!

Um aus Sole Salz zu machen, füllte man die Sole in große sogenannte Gradierbecken, wo Wasser verdunsten konnte und die Sole nach und nach immer salziger wurde. In Tongefäßen erhitzte man danach die Sole so lange auf einem Siedeofen, bis das Salz vollständig fest wurde. Anschließend wurden die Tongefäße zerschlagen, um an das Salz zu gelangen. Das Salz wurde teuer verkauft.

Rennöfen *waren ursprünglich aus Lehm und Stroh.*

Wie lebten die Germanen in Hessen?

Man geht davon aus, dass im ganzen heutigen Hessen zunächst Kelten lebten, die später im nördlichen Hessen von Germanen besiegt wurden. Die Untergruppe der Germanen, die man für die Ur-Hessen hält, werden Chatten genannt.

Ein römischer Autor beschreibt als Außenstehender die Chatten in Nordhessen folgendermaßen: »Das Volk ist von härterem Körperbau, hat straffe Glieder, trotzigen Blick und größere Lebhaftigkeit. Für Germanen haben sie viel berechnenden Verstand und Geschicklichkeit.«
Viel mehr wissen wir nicht über sie, außer dass sie sich oft die Haare färbten und auch Haarfärbemittel an andere Völker verkauften: Der sogenannte chattische Schaum (»spuma chattica«) soll dem Haar »Feuerfarbe« verliehen haben.
Ein nachgebautes chattisches Dorf kannst du in Geismar ansehen.

Der Christ Bonifatius hat versucht, die Chatten von seiner Religion zu überzeugen.

So hat sich der Maler Johannes Gehrts vor 130 Jahren die Germanen vorgestellt. Bilder aus germanischer Zeit gibt es nicht.

Germanenhochzeit!

Bei den Germanen durfte jeder Mann nur eine Frau und umgekehrt jede Frau nur einen Mann heiraten. Bei uns ist das heutzutage so üblich, zur damaligen Zeit war es in den meisten Kulturen normal, mehrere Partnerinnen oder Partner zu haben.

In der Nähe von Geismar kannst du dir anschauen, wie die Chatten mehr als 1.000 Jahre lang gelebt haben.

Erkunde ein chattisches Dorf!

Vor knapp 45 Jahren begannen Wissenschaftler, eine riesige Siedlung in der Nähe von Geismar auszugraben. Dort haben vom 5. Jahrhundert vor bis zum 11. Jahrhundert nach Christus die Chatten gelebt. Die Forscher fanden verschiedenste Dinge, darunter Spielwürfel, Babyrasseln, Münzen, Knochen und fast 400.000 Gefäßscherben. 6.000 Kartons konnten sie damit füllen. Außerdem legten die Wissenschaftler Grundrisse von Häusern und Brunnen frei – und erfuhren dadurch viel über die Bauweise der Chatten. Mit diesem Wissen wurden im Freilichtmuseum »Altes Gehöft Geismar« fünf Gebäude genau so nachgebaut, wie es bei den Chatten üblich war: Statt eines Mauerwerks wurden Baumstämme als Pfosten in die Erde gegraben. Querbalken wurden so geschickt dazwischengeschoben, dass nicht ein einziger Nagel beim Hausbau gebraucht wurde. Und die Wände bestanden aus geflochtenen Sträuchern, die mit Lehm verputzt wurden. Bei einer Führung durch das chattische Dorf kannst du dir nicht nur die Häuser anschauen, sondern erfährst auch, wovon die Menschen damals gelebt, wie sie Getreide angebaut, Wasser aus den Brunnen geholt und ihr Brot gebacken haben.

Altes Gehöft Geismar
Schulweg 14
34560 Fritzlar
www.alt-geismar.de

Warum bauten die Römer eine Grenze mitten durch Hessen?

Rom ist heute die Hauptstadt Italiens, eines Landes, das kleiner ist als Deutschland. Vor 2.000 Jahren aber war das Römische Reich ein riesiges Imperium, ein Land, das von Nordafrika und Asien bis nach England reichte. Die Menschen, die wir als Römer bezeichnen, stammten also nicht alle aus der Stadt Rom, sondern ein Römer konnte auch im heutigen Frankreich oder in Syrien geboren worden sein. Und andererseits wurden auch die Menschen in Hessen teilweise zu römischen Bürgern. Die ersten Römer in Hessen waren Soldaten. Sie versuchten, Germanien zu erobern. Teilweise führten sie Krieg, oft aber versuchten sie auch, zu verhandeln und zu erreichen, dass die Germanen sich ihnen freiwillig anschlossen. Vor etwa 2.000 Jahren sah es so aus, als ob das Vorhaben gelänge. In ganz Hessen herrschten die Römer oder ihnen wohlgesinnte Germanen und Kelten. Immer wieder aber griffen germanische Gruppen an und versuchten, die Römer zu vertreiben, bis diese große Teile Hessens aufgaben und eine Grenze bauten, hinter der sie sich sicher fühlten. Diese Grenze wurde Limes genannt. »Limes« bedeutet auf Deutsch »Grenzweg«. Er führte quer durch Hessen. Im römischen Teil Hessens lebten Römer und Kelten, im nördlichen Teil Germanen.

Römerturm bei der Dasbacher Höhe – in dem 2002 fertiggestellten Turmnachbau kann man eine kleine Ausstellung besichtigen.

Limes bei Lich – *Grenzabsicherungen der Römer gab es von Schottland bis nach Afrika – und auch in Hessen.*

Wie verläuft der Limes?

Der Limes verläuft über die bewaldeten Höhen des Taunus und schließt das Gebiet der Wetterau ein. Dort gab es fruchtbares Land, das die Römer nutzen wollten. An der Grenze lagen 18 große und 31 kleine Kastelle, in denen die Soldaten lebten, sowie über 200 Wachtürme. Zunächst verband nur ein Weg die Wachtürme. In den Jahrzehnten danach wurde der Grenzweg, also der Limes, mit Palisaden aus Holzpfählen, einem Erdwall und einem Graben und teilweise mit einer Mauer ausgebaut. Der Limes ist Weltkulturerbe.

Ausflugstipp!

Fundament eines Wohnturms mit Kanalheizung in Saalburg

Entdecke das Römerkastell Saalburg!

Wenn du sehen willst, wie die römischen Soldaten, Handwerker und Bauern an der Grenze des Römischen Reiches lebten, solltest du das einzige Kastell am Limes, die Saalburg bei Bad Homburg, besuchen. In diesem Kastell und dem angrenzenden Dorf lebten früher 2.000 Menschen, nicht nur Soldaten, sondern auch Handwerkerfamilien und Händler.
An jedem Sonntag von März bis Oktober sind im Museum zwei Mitarbeiterinnen oder Mitarbeiter als Römer unterwegs, um den Besuchern der Saalburg verschiedene Aktionen anzubieten. An bestimmten Tagen werden Spiele, Kleidungsstücke oder römische Handwerksberufe präsentiert. An anderen Tagen kann man die wieder errichteten Gebäude besichtigen, etwa das Fahnenheiligtum des Kastells, die Mannschaftsstube oder das reich ausgemalte und eingerichtete Triclinium, das Speisezimmer eines Offiziers.
Für Kinder, die das Kastell auf eigene Faust entdecken wollen, gibt es eine Ralley zum Rätseln, Entdecken und Lernen.

Römerkastell Saalburg
Archäologischer Park
Am Römerkastell 1
61350 Bad Homburg
www.saalburgmuseum.de

Wer sind die Franken?

Heute gibt es in Deutschland Menschen, die sagen, sie seien Franken. Die leben meist im heutigen Bayern und teilweise in Baden-Württemberg, nicht in Hessen. Der Name der Stadt Frankfurt aber lässt erahnen, dass auch die Hessen sich den Franken zugehörig fühlten. Das Wort »frank« hieß »mutig« oder auch »gierig«. Und die Menschen, die sich so nannten, kamen nach der Römerzeit vom Niederrhein, also aus dem Norden, zu uns. Sie mischten sich mit den Menschen, die im Gebiet des heutigen Hessen wohnten. Sie sprachen bald die gleiche Sprache und lebten nach den gleichen Regeln. Ihren Staat nannte man Frankenreich.

Die Höfe der frühen Franken lagen verstreut im Land; allerdings gab es auch kleinere Dörfer, besonders in der Nähe von Flüssen oder auf Waldlichtungen. Dass alte fränkische Siedlungen der Ursprung einer heutigen Stadt sind, erkennt man noch in ihren Namen. Sie enden oft auf »-rod« und auf »-heim«. Annerod bei Gießen, Wölfersheim und Rüsselsheim sind also schon ihrem Namen nach aus der Zeit der Franken.

Konrad I. von Franken *war vor 1.000 Jahren auch König über Hessen.*

Woher kommt »Frankfurt«? !

Der Stadtname bedeutet Furt der Franken und bezieht sich auf eine Stelle im Main, an der das Wasser über Felsen floss und niedrig war. Dies ermöglichte Reisenden, den Main zu überqueren, der damals viel breiter war als heute. Brücken gab es in Frankfurt noch nicht.

Warum kamen Flüchtlinge aus Frankreich nach Hessen?

Jean Calvin war ein »Reformator«, das bedeutet, dass er mit den Überzeugungen der katholischen Kirche, der damals in Europa fast alle Menschen angehörten, nicht einverstanden war. Er war der Ansicht, dass für die Menschen nur wichtig sein soll, was in der Bibel steht, und nicht, was die Kirche und ihre Priester sagen. Calvin lehnte viele Rituale im Gottesdienst und sogar Bilder in den Kirchen ab. Vor allem in Frankreich fand Calvin viele Anhänger. Man nennt sie noch heute Calvinisten oder Hugenotten. Seligkeit war nach Calvin nur durch ein sehr anständiges Leben zu erreichen. Er behauptete, dass Gott will, dass die Menschen fleißig sind und sich nicht mit dem beschäftigen, was ihnen Spaß macht. Tanz und Spiele waren verboten. Calvin war der Ansicht, dass man Königen, die ein Leben führen, das nicht vorbildlich ist, auch nicht folgen muss. Deswegen wurden die Calvinisten in Frankreich immer wieder von den Herrschern verboten und verfolgt.

Die Hugenotten durften Frankreich nicht verlassen. Sie mussten heimlich fliehen. Obwohl die Grenzen des Königreichs Frankreich bewacht waren, gelang es doch der Mehrzahl der flüchtenden Hugenotten, das Ausland zu erreichen.

Jean Calvin wollte, dass Christen armen Menschen helfen.

Waren die Flüchtlinge willkommen?

Viele Fürsten hatten Interesse daran, die Flüchtlinge aufzunehmen. Das geschah nicht nur aus Mitleid. Sie hatten gehört, dass diese oft gute Handwerker waren und viel wussten. Sie schickten Abgesandte nach Frankfurt, wo mit den Familien aus Frankreich besprochen wurde, wo sie willkommen waren und wohnen konnten. Hessen nahm viele Flüchtlinge auf. Landgraf Carl von Hessen-Kassel gründete 1699 zur Aufnahme von französischen Glaubensflüchtlingen die Stadt Sieburg, die heute Karlshafen heißt. Er wollte, dass die fleißigen Hugenotten dort Stoffe produzierten. Diese sollten auf der Weser zum Meer gebracht und in alle Welt verkauft werden. 1717 wurde die Stadt zu Ehren des Fürsten in Karlshafen umbenannt. Auch Neu-Isenburg wurde 1699 als Aussiedlerstadt von hugenottischen Glaubensflüchtlingen gegründet. Hier konnten sie Gottesdienste in ihrer Muttersprache feiern und wie in ihrer Heimat als Strumpfwirker arbeiten. Das war ein gefragtes Handwerk. Andere Neusiedler brachten Kenntnisse über die Teppich-, Seiden- und Tapetenweberei, den Tabakanbau oder die feine Goldschmiedekunst mit.

Das Stadtmuseum »Haus zum Löwen« *zeigt die Lebensweise der ersten Hugenotten in Neu-Isenburg.*

Waldenser Wappen und Waldenser Kirche in Rohrbach/Hessen

Auf der Flucht!

Neben Flüchtlingen aus Frankreich kamen auch Familien aus dem Piemont in Italien nach Hessen, weil auch dort Menschen verfolgt wurden, die etwas anderes glaubten als die Regierenden. Die sogenannten Waldenser wurden vom Landgrafen Ernst Ludwig von Hessen-Darmstadt in Rohrbach, Wembach und Hahn angesiedelt.

In Kassel lagen nach dem Zweiten Weltkrieg viele Straßen in Trümmern.

Auch viele Brücken waren kaputt und die Überquerung des Main in Frankfurt schwierig.

Warum kamen 1945 so viele Neubürger nach Hessen?

Deutschland hatte 1939 einen Krieg angefangen, den Zweiten Weltkrieg. Es dauerte sechs Jahre, bis Großbritannien, Frankreich, die Sowjetunion und die USA gemeinsam das Deutsche Reich besiegt hatten. Deutschland verlor Land im heutigen Polen. Von dort mussten die Bewohner fliehen. Andere Länder wie

Ungarn und Tschechien wollten keine Deutschen mehr in ihren Ländern haben und vertrieben sie. Die Menschen verloren ihre Häuser, ihre Arbeit, ihre Heimat und machten sich zu Fuß, mit Zügen und auf Pferdewagen auf den Weg in den Teil Deutschlands, der noch übrig war. Viele Menschen wurden unterwegs krank, weil sie nichts zu essen hatten. Sie aßen Pferde auf, die unterwegs gestorben waren, und versuchten, auf den Wiesen und Äckern etwas Essbares zu finden.
Viele Häuser, besonders in den Städten, waren im Krieg aus der Luft beschossen worden. Man konnte dort nicht mehr wohnen. Bis 1950 nahm Hessen dennoch 733.375 deutsche Vertriebene und Flüchtlinge aus Ost- und Südosteuropa auf.

Wie lebten die Neubürger?

Die Vertriebenen mussten häufig in kleinen Nebenräumen, Kammern, auf Dachböden, in Kellern, Scheunen und Ställen einquartiert werden.
Die Einheimischen teilten sich durchschnittlich einen Raum mit zwei Personen. Die Neubürger lebten mit der ganzen Familie in einer kleinen Kammer. Zudem mussten sie die Toiletten, Waschgelegenheiten und die Küchen der einheimischen Hausbesitzer mitbenutzen. Das war eng! Die Menschen, die ein Haus teilten, konnten sich nicht immer leiden. Das gab Konflikte. Außerdem wurden die Flüchtlinge und Vertriebenen oft in Dörfern untergebracht, wo zwar die Gebäude ganz geblieben waren, wo es aber für die zugezogenen Menschen keine Arbeit gab. Nicht immer konnten Probleme vermieden werden.

Frankfurter Berg: Insgesamt 340 Wohnungen baute die Frankfurter Siedlungsgesellschaft hier ab dem Jahr 1948.

Ein Versuch, die Lage zu verbessern, war ab 1951 der Hessenplan. 100.000 Vertriebene bekamen jetzt Wohnungen in den Orten, wo es auch Arbeit gab. Es wurden 25.000 Wohnungen gebaut. Auf den Äckern von 3.000 neu erbauten Bauernhöfen wurden Lebensmittel für die Bevölkerung erzeugt. Das sollte die Lage etwas entspannen.

Amerikanisches Militär gehörte in Hessen lange zum Alltag.

Wie leben in Hessen US-amerikanische Soldaten?

Deutschland wurde nach Kriegsende unter den Siegermächten in vier Besatzungszonen eingeteilt. Hessen gehörte zur US-amerikanischen Zone. Doch auch nach der Gründung der Bundesrepublik Deutschland 1949 blieben viele Soldaten in Deutschland, darunter etliche Amerikaner, denn Deutschland gehört zur NATO, einem militärischen Bündnis, an dem auch die USA beteiligt sind.
In den letzten 30 Jahren wurden dennoch viele Kasernen, in denen Soldaten aus den USA gelebt hatten, geschlossen. Übrig blieben Flugplätze, Übungsplätze, Verwaltungsgebäude, Krankenhäuser, Hotels, Sportanlagen, Werkstätten, Läden, Schulen, Kirchen, Apotheken, Kinos, Kindergärten sowie Friedhöfe. Hanau war einst Europas größte amerikanische Garnison mit 30.000 Soldaten, Angestellten und Familienmitgliedern. Ende 2008 zogen die Amerikaner nach 53 Jahren ab. In Gießen ließen sie quasi einen ganzen Stadtteil zurück. Heute werden die Gebäude umgebaut und von den Städten weiter genutzt.

Und wie die Kinder?

Noch immer aber leben in Hessen amerikanische Soldaten. Am Stützpunkt Wiesbaden sind über 14.000 Soldaten und Angehörige stationiert. Die Kinder der Soldaten gehen in spezielle Schulen, in die Hainerberg Elementary School, die Aukamm Elementary School, Wiesbaden Middle School oder Wiesbaden High School. Sie sprechen in der Schule Englisch und lernen nach einem amerikanischen Lehrplan.

Wo gibt es Bücher in vielen Sprachen?

Interview mit Doris Rosenfeld. Sie ist Bibliothekarin in der Stadtbücherei in Frankfurt.

In welchen Sprachen sind die Bücher, die Sie verleihen, geschrieben?

Wir bieten Kinder- und Jugendbücher in elf Fremdsprachen an: Arabisch, Chinesisch, Englisch, Französisch, Italienisch, Persisch, Portugiesisch, Polnisch, Russisch, Spanisch, Türkisch.

Welche Kinder kommen zu Ihnen, und was lesen diese am liebsten?

Zu uns kommen Kinder aus allen Schichten und mit den unterschiedlichsten familiären Hintergründen.
Am liebsten lesen die Jungs Comicromane wie zum Beispiel »Gregs Tagebuch« und »Tom Gates« oder Fantasy-Romane wie »Percy Jackson« und »Harry Potter«. Die Mädchen lieben besonders »Mein Lotta-Leben« und »Die Schule der magischen Tiere«. Aber auch die »Drei ???« und die »Drei !!!« sind immer noch der Renner.

Warum bieten Sie auch Bücher in anderen Sprachen an?

Frankfurt ist eine sehr multikulturelle Stadt: 66 % aller Kinder haben einen Migrationshintergrund und/oder keinen deutschen Pass. Das spiegelt sich auch in unseren Besuchern wider. Wir wollen Bücher für alle haben!
Leider können wir nicht jede Sprache anbieten, denn oft ist es nicht möglich, an Kinderbücher aus bestimmten Ländern wie zum Beispiel Syrien, Afghanistan oder Eritrea heranzukommen, obwohl gerade aus diesen Ländern viele Kinder zu uns kommen.

Welches ist Ihr Lieblingskinderbuch?

Ich habe sehr viele Lieblingskinderbücher! Zum Glück erscheinen ständig so viele neue tolle Kinderbücher, dass ich mich gar nicht entscheiden kann.
Ein Dauerbrenner aber ist und bleibt: »Rico, Oskar und die Tieferschatten«. Und wer das noch nicht kennt oder die DVD noch nicht gesehen hat, sollte schnellstmöglich zu uns kommen und eins von beiden ausleihen!

Die Stadtbücherei in Frankfurt hat viele gemütliche Ecken zum Schmökern.

Gelungene Integration: *Schriftstellerin Hilal Sezgin*

Warum leben bei uns Menschen mit türkischen Wurzeln?

Hessen entwickelte sich nach dem Krieg zu einem der wirtschaftlich stärksten Länder in Deutschland. Viele Fabriken entstanden, und diese brauchten viele Arbeiter. Die ersten ausländischen Arbeitskräfte kamen aus Italien. Ab April 1955 fuhr jeden zweiten Wochentag ein Sonderzug von Mailand nach Frankfurt. Er brachte viele Menschen aus Italien, die nach Deutschland kamen, um Arbeit zu finden. Die Arbeiter lebten oft in Wohnheimen. Sie teilten sich ein Zimmer und versuchten, nur wenig Geld auszugeben. Das Gesparte

Kaya Yanar

Kaya Yanar ist einer der größten Quatschmacher im deutschen Fernsehen. Er spielt dabei gern mit Vorurteilen. Der Comedian wurde am 20. Mai 1973 in Frankfurt am Main geboren. Seine Eltern stammen aus Ankara in der Türkei. Viele Kinder kennen seine Stimme aus dem Kinofilm Robinson Crusoe, bei dem es um einen Mann geht, der auf eine einsame Insel gespült wird. Kaya Yanar spricht

schickten sie an ihre Familien in Italien. Als es in Italien selbst wieder mehr Arbeitsplätze gab, gingen viele Italiener in ihr Ursprungsland zurück.
Deutschland schloss nun Abkommen mit anderen Ländern, um Arbeiterinnen und Arbeiter einzuladen. Die größte Gruppe von Menschen mit einer anderen Staatsangehörigkeit sind in Hessen heute Menschen, deren Urgroßeltern, Großeltern oder Eltern aus der Türkei kamen. Die Kinder von Türken, die seit mehr als acht Jahren in Deutschland leben, haben die deutsche Staatsangehörigkeit.

Feierlich !

Viele türkischstämmige Menschen in Hessen sind Muslime. Sie haben eigene religiöse Feste. Einer der wichtigsten religiösen Feiertage ist Ramazan Bayramı – das Zuckerfest, das die Fastenzeit beendet. An diesem Tag wird zusammen mit der Familie gebacken und gekocht, die Kinder bekommen Süßigkeiten geschenkt.

Lokum ist eine beliebte türkische Süßigkeit. Der Name leitet sich vom türkischen »lokma« ab, was so viel wie »Happen« oder »Bissen« bedeutet.

in dem Animationsfilm die Rolle des jungen Papageis, der viel zu neugierig und abenteuerlustig ist, um sich vertreiben zu lassen, und Freundschaft mit Robinson Crusoe schließt.

***Kaya Yanar** ist mit seinem Humor überall zu Hause.*

Wie kleidete man sich?

Brillennadeln waren für Frauen in der Bronzezeit ein kostbarer Schmuck und Zeichen von Reichtum.

Mit welchen Nadeln schmückten sich die Frauen?

Die Bronzezeit wurde nach der Bronze benannt, dem wichtigsten Werkstoff der Menschen zu jener Zeit. Bronze ist eine Mischung aus verschiedenen Metallen. Mischt man neun Teile Kupfer mit einem Teil Zinn, entsteht Bronze. Sie ist viel härter als Kupfer und deshalb besser für Waffen und Werkzeuge geeignet. Auch Schmuck wurde aus Bronze hergestellt. Dabei wurden die Handwerker immer geschickter. In Haueda hat man eine 3.500 Jahre alte Nadel entdeckt, die etwa zehn Zentimeter lang ist und oben einen Kugelkopf mit Loch hat. Sie sieht aus wie eine verzierte Stricknadel. Sicher aber wurde sie verwendet, um einen Mantel zusammenzuhalten. In das Loch konnte man eine Schnur fädeln und so eine Öse bilden. Viel aufwendiger sind die 60 etwas jüngeren, an verschiedensten Stellen in Hessen gefundenen Brillennadeln, die als Verschluss bei der Kleidung von Frauen dienten. Sie haben rechts und links eine Schnecke aus Metall, sind aber aus einem Stück. Sie waren schwer herzustellen, denn man kann die harte Bronze nicht einfach wie einen Draht biegen. Der Schmied musste eine Hälfte eines Bronzestabs noch mal halbieren und dann aus jedem Strang eine Metallnadel schmieden, die zum Aufwickeln immer wieder glühend heiß gemacht werden musste, damit die Bronze nicht brach.

Wendelring aus der Bronzezeit

Was trugen die Frauen um den Hals?

Vor 2.500 Jahren trugen die Frauen, wenn sie reich genug waren, um sich etwas Kostbares zu leisten, um den Hals einen Wendelring aus Bronze. Sie konnten ihn allerdings nur selten abnehmen, weil das Schmuckstück sonst zerbrochen wäre. Ein Wendelring ist aus einem Stück Metall gefertigt, das, wenn man es quer durchschneiden würde, die Form eines Sternes hätte. Dieser Metallstab wurde glühend in verschiedene Richtungen verdreht, sodass ein kunstvolles Wellenmuster entstand.

DU BRAUCHST:
1 Haarstab oder auch nur 1 Bleistift, 1 Haargummi, Kamm

Haare hoch!

Die Damen der Bronzezeit steckten sich mit Nadeln auch die Haare hoch.

SO GEHT'S:
Flechte die Haare im Nacken zu einem möglichst langen Zopf. Biege den Zopf nach oben und verstecke das Zopfende hinter dem hochgelegten Zopf. Stecke den Zopf mit dem Bleistift oder dem Stab fest.

Spinnwirtel

Seit wann verarbeitet man Leinen für Kleidung?

Die Verwendung der Flachspflanze ist schon sehr alt. Sie gilt als eine der ältesten Kulturpflanzen. Schon in der Steinzeit wurden Kleidungsstücke aus den Fasern der Pflanze hergestellt. Wenn der Flachs verblüht war und die Halme sich bräunlich verfärbt hatten, wurden die Flachspflanzen ausgerissen, die Samen entfernt und die Halme gewässert. Anschließend musste der Flachs über dem Feuer geröstet werden, damit die Stängel beim Brechen aufsprangen und man die holzigen Teile von den weichen trennen konnte. Danach wurde der Flachs ausgekämmt. Nun erst konnten die Fasern zu feinem Garn gesponnen werden.

In Hessen hat man bei Ungedanken und in Geismar bei Fritzlar über 1.100 Jahre alte Spinnwirteln gefunden. Diese sehen aus wie Kreisel zum Spielen. Um den Stiel, den sogenannten Spindelstab, wurde das Garn gewickelt, das sich durch die Drehung der Spindel verzwirnte. So entstanden Fäden. Eine sehr geübte Spinnerin konnte über zwei Meter pro Minute schaffen.

Und dann? Man konnte nun für Kleider Stoffe weben. Dafür gab es Webstühle. Es wurde bisher kein Originalwebstuhl gefunden, der älter als 1.000 Jahre alt ist. Die Geräte sind vermodert, denn sie waren aus Holz. Erhalten geblieben sind die Steingewichte, mit denen man die eingespannten Fäden beschwert hat. Ebenfalls erhalten haben sich quadratische Knochenplättchen mit vier Löchern an den Ecken. Man konnte mit ihnen sehr haltbare Bänder weben.

Flachs (auch Gemeiner Lein genannt) und Leinsamen

Gut geölt!

Vom Lein kann man neben der Faser auch die Samen verwenden. Aus ihnen entsteht das Öl für Ölfarben. Außerdem schmeckt es gut zu Brot. Den Samen kann man als Medikament bei Verstopfung essen.

Aus Flachsstroh entstehen Garne und Schnüre.

Was haben sich die Menschen vor 1.000 Jahren genäht?

Das weiß man nicht. Man weiß auch nicht, ob sie farbige Muster gewebt haben, denn die Kleidungsstücke haben sich leider nicht erhalten.
Ursprünglich stellten die Menschen die Stoffe für die Kleider ihrer eigenen Familie her. Noch vor 250 Jahren webten viele Hessen Stoffe daheim und verkauften sie dann. Weben war ein typischer Nebenerwerb, also eine Arbeit, die man auf dem Land abends oder im Winter erledigte, um etwas dazuzuverdienen. Neben dem feineren Leinen für Kleider, Bettbezüge, Tischtücher und Handtücher stellten die Weber auch Schockleinen her, das man zum Verpacken brauchte. Das wurde aus Nordhessen nach Spanien, in die Niederlande und bis nach Süd- und Nordamerika verkauft. Damit das Leinen weiß wird, hat man es in der Sonne gebleicht.

Die Blüten der Maulbeere sind unscheinbar.

Baumgreise

In Nordhessen begann die Seidenspinnerraupenzucht 1778, als Landgraf Friedrich II. erste Exemplare der Weißen Maulbeere pflanzen ließ. 1790 wurde eine Anpflanzung in Crumbach erstmalig im Kirchenbuch erwähnt. Heute stehen dort beim Friedhof die vielleicht ältesten Maulbeerbäume Hessens. Sie sind circa 170 Jahre alt.

Wie stellte man Seidenstoffe her?

Die feinen Menschen wollten schon vor 300 Jahren feine Strümpfe tragen. Seide galt als kostbar und elegant, denn sie musste im Ausland gekauft werden. Seide wird von Seidenspinnerraupen produziert, die sich als Larven viermal häuten. 35 Tage lang bleiben die Tiere eine Raupe. Anschließend weben sie aus Seidenfäden ihren Kokon, in dem sie sich zu Schmetterlingen verwandeln. Seidenspinnerraupen sind, was ihre Nahrung angeht, sehr wählerisch. Sie fressen nur Maulbeerbaumblätter. Der Maulbeerbaum wächst in China. Dort wurden auch die ersten Seidenstoffe hergestellt.

Im Mittelalter gelangten die »Weißen Maulbeerbäume« nach Italien und von da nach Frankreich. Als die Hugenotten als Religionsflüchtlinge von Frankreich nach Hessen kamen, brachten sie ihr

Wissen über Seidenraupen mit. 1736 eröffnete im heutigen Hessen die erste Seidenspinnerraupenzucht. Sehr erfolgreich war sie leider nicht, denn die Maulbeerbäume gediehen bei uns nicht so gut, sie lieben eher trockenes Klima.
Um das Wissen, wie man Seidenraupen hält, weiterzugeben, hat Johann Aunant, damals Direktor der Seidenspinnerraupenzucht in Hanau, ein Anleitungsbuch geschrieben. Es wurde 1749 gedruckt.

Nach 16 Tagen schlüpft aus dem Kokon der Seidenspinner, ein Schmetterling.

Johann Heinrich Wilhelm Tischbein: Hier malte sich der Künstler selbst an seiner Staffelei.

Maler der »besseren Gesellschaft«

Der Maler Johann Heinrich Wilhelm Tischbein wurde am 15. Februar 1751 in Haina geboren. 1779 ging er, wie viele andere seiner Malerkollegen, nach Rom.
Die Antike faszinierte die Menschen. Sie waren begeistert von den alten Kunstwerken in Italien. Tischbein arbeitete auch in Neapel. Als er etwa 50 Jahre alt war, kehrte er nach Deutschland zurück. Er malte viele Porträts, auf denen man gut erkennen kann, wie sich die bessere Gesellschaft zu seiner Zeit anzog.

Gibt es Trachten in Hessen?

Schwalmer Tracht

Als Trachten werden Kleidungsstücke bezeichnet, die man in einer speziellen Region trägt. In Hessen gibt es seit etwa 150 Jahren solche Trachten, besonders in der Schwalm und bei Marburg.

Es gab schon lange davor Regeln, wie man sich anzuziehen hatte. Die Herrschenden wollten, dass man sofort erkennen konnte, welchen Beruf eine Person ausübte oder ob sie verheiratet war. Meist war aber nur festgeschrieben, was eine bestimmte Personengruppe nicht tragen durfte.

1772 etwa wurde in Hessen Lehrern, Förstern, Apothekern und anderen Berufsgruppen »ernstlich und bey Strafe der Confiscation verboten, fernerhin weder goldene noch silberne, weder schmale noch breite Hut- und andere Tressen, Litzen oder Bänder, noch sonst einiges gewürkt – oder eingewebtes Gold und Silber, desgleichen Sammet, Stoffe, feine Pelze, kostbare Spitzen, welche über zween Thaler die Elle kommen, Bouquets von gemachten Blumen, Steinschnallen und überhaupt alle dergleichen ausländische Galanteriewaren zu tragen, insbesondere aber deren Frauen der Gebrauch der goldenen Uhren untersagt«. Wer sich nicht daran hielt, bekam seine Kleidungsstücke abgenommen.

Galant

Mit »gemachten Blumen« sind Kunstblumen gemeint. Und was meint man mit »Galanteriewaren«? Das sind auffällige Knöpfe, Gürtel oder anderes Bekleidungszubehör. Schmücken und »schön machen« wollten sich die Menschen zu allen Zeiten.

Warum gab es Kleiderverbote?

Ziel der Verbote war es, dass weniger Geld für Schmuck und Stoffe ausgegeben wurde, die aus dem Ausland kamen. Die Bevölkerung sollte mehr einheimische Produkte kaufen. Bauern durften keine Kleidungsstücke aus Materialien tragen, die nicht aus Hessen stammten. Eine Ausnahme bildete Baumwolle.
Um 1800 waren Bauern keine Leibeigenen mehr – sie gehörten sozusagen nur noch sich selbst –, und nun durften sie sich auch schön machen. Die Frauen der Schwalm trugen unter einem faltenreichen schwarzen Rock je nach Wohlstand bis zu fünfzehn weitere Röcke mit farbigem Bandbesatz übereinander, die stufenweise hervorschauten. Die Männer gingen sonntags gern mit einer edlen Mütze aus Otterfell aus.
Die Grundfarbe der Trachten hing von der Konfession eines Ortes ab, also davon, ob die Leute evangelisch oder katholisch waren. Die Hinterländer Tracht hat als Grundfarbe Schwarz, die Gegend war evangelisch. Frauen, die schon Enkelkinder hatten oder Witwen waren, trugen hier überhaupt nichts Farbiges mehr. Die Tracht in Fritzlar oder Naumburg ist deutlich bunter. In diesen Städten lebten hauptsächlich Katholiken. Hier trugen die Frauen mit Rosenmuster bedruckte bunte Tücher.

Hinterländer Tracht

Breidenbacher Tracht

Hugo Reisinger mit Homburg in der Hand

Wer trug was auf dem Kopf?

Bis vor etwa 100 Jahren trugen die meisten Menschen, ob Mann oder Frau, zumindest auf der Straße eine Kopfbedeckung. Frauen trugen auch daheim oft eine Haube. Die Haare zu waschen war, ehe es fließendes Wasser im Haus gab, ziemlich mühsam, und sie im Winter wieder trocken zu bekommen – ohne Föhn und ohne dass man sich erkältete –, nicht einfach. Um nicht den Ruß des Herdfeuers ins Haar zu bekommen oder den Staub der Straße, deckte man die Haare lieber ab.

Kopfbedeckungen waren gleichzeitig auch modische Kleidungsstücke, so etwa der Homburg. Das ist ein Filzhut, der eine nach oben gebogene Krempe besitzt und oben am Kopf eingedellt ist. So einen Hut aus grüner Wolle trug der deutsche Kaiser Wilhelm II. auf der Jagd. Sein Neffe, der Prinz von Wales, ließ ihn sich bei einem Urlaub in Bad Homburg in der Hutfabrik Möckel in elegantem Grau herstellen. Die Fabrik besaß um 1880 bereits eine Dampfmaschine. Nachdem so hochstehende Personen einen Homburg trugen, wollten immer mehr auch weniger berühmte Männer einen kaufen. Viele Jahre lang blieb der Homburg eine beliebte Hutform. Sogar der erste Bundeskanzler von Deutschland, Konrad Adenauer, ging nicht ohne seinen Homburg aus dem Haus. Seinen Hut kann man im Hutmuseum in Bad Homburg ansehen.

Bastele dir eine Minion-Mütze!

Kopfbedeckung heutzutage

DU BRAUCHST:

- *drei schwarze Pfeifenputzer*
- *eine gelbe Mütze*
- *eine leere Klopapierrolle*
- *ein Lineal*
- *einen Bleistift*
- *eine Schere*
- *einen Tacker*
- *ein schwarzes Band*

SO GEHT'S:

1. *Stecke einen Pfeifenputzer mit einem Ende von oben durch die Mütze hindurch. Dann schiebe das andere Ende des Pfeifenputzers wieder zurück nach oben. So gucken beide Enden aus der Mütze heraus. Wiederhole das mit den anderen beiden Pfeifenputzern.*

2. *Nimm dir eine leere Klopapierrolle. Miss mit einem Lineal von einem der offenen Ränder etwa 2,5 Zentimeter ab. Markiere die Stelle rund um die Rolle herum mit einem Bleistift. Schneide entlang der Markierung ein Stück von der Klopapierrolle ab. Mache das noch einmal, um einen zweiten Papierring zu erhalten.*

3. *Tackere die beiden Ringe aus der Klopapierrolle in der Mitte zusammen.*

4. *Lege das schwarze Band einmal um die untere Hälfte der Mütze, damit du die passende Länge dafür bekommst. Befestige je ein Ende des schwarzen Bands mit dem Tacker an der äußeren Seite des Papierrings.*

5. *Ziehe das Band über die Mütze – fertig ist dein Minion-Outfit!*

Tipp: Damit die Mütze möglichst bequem ist, nutze am besten ein elastisches Band dafür.

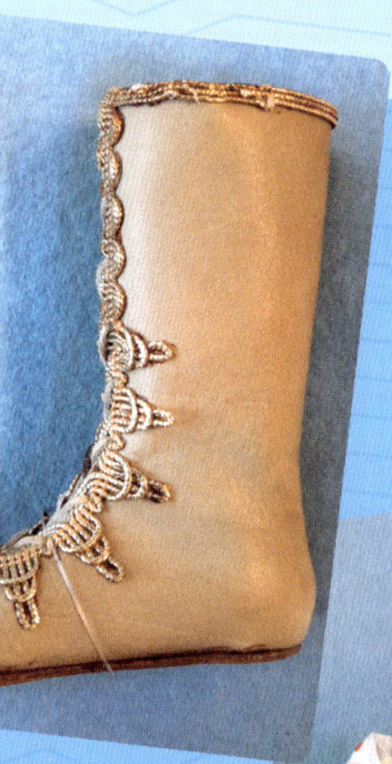

Die Miniaturschuhe sind nicht zum Anziehen gedacht, links siehst du eine Flohfalle.

Ungewöhnliche Mode

Winzig sind die 200 Schuhmodelle des Industrieschuhmachermeisters Richard Fenchel, die das Museum der Stadt Butzbach ausstellt. Sie sind alle ein Drittel so groß wie die Originale. Die Laufernschuhe würden also eher Puppen als Kleinkindern passen.

In den Vitrinen des Museums kannst du sehen, wie sich unsere Fußbekleidung verändert hat. Da gibt es Steinzeitmenschenschuhe aus Fell und Bundschuhe aus einem Stück Leder, wie man sie in der Bronzezeit getragen hat und wie sie die Bauern jahrhundertelang auf dem Feld trugen. Eleganter sind Schuhe, die man extra zur Krönung eines Königs hergestellt hat, oder Schnabelschuhe, die eine so lange Schuhspitze haben, dass der Träger sie an den Knien festgebunden hat, um besser laufen zu können. Ziemlich skurril sehen auch die Miniatur-Chopinen aus, das sind mehr Stelzen als Schuhe, in denen die Frauen wie Riesinnen aussahen, oder die Trippen, die man sich unter die Schuhe geschnallt hat, damit man auf den unasphaltierten, morastigen Straßen keine dreckigen Füße bekam.

Ein ziemlich kleines Kleidungsstück ist die Butzbacher Flohfalle. Sie wurde von Damen an einer Kette um den Hals getragen, damit sie nicht von Ungeziefer gebissen wurden. Die Falle konnte aufgeschraubt und ein kleiner Lappen hineingesteckt werden, der mit Honig oder Parfümölen getränkt war, um die Flöhe anzuziehen. Am besten, du schaust dir alles selbst an!

Museum der Stadt Butzbach
Färbgasse 16
35510 Butzbach
www.stadt-butzbach.de/kultur/museum/

Kleidung aus dem Katalog – wie machte es Neckermann möglich?

In den 1950er Jahren hatten viele Menschen wenig Geld, wollten sich aber gern schick anziehen. Möglich machten das die Versandhäuser. Josef Neckermann ließ 1948 in Frankfurt am Main einen ersten Katalog drucken. Er druckte aber auf die Titelseite, dass es die 119. Preisliste sei. Die Kunden sollten denken, dass es die Firma schon lange gab. Neckermann schickte den Katalog an 100.000 Personen. Die Adressen hatte er sich bei den Flüchtlingsämtern geben lassen. Er wollte besonders Kundinnen und Kunden ansprechen, bei denen Geld knapp war und die auf dem Land lebten, weit von großen Warenhäusern entfernt.

Wild und frei –
so fühlten sich viele junge Menschen nach 1960.

Rockige Zeiten

In den 1950er Jahren trugen alle Mädchen Röcke. In den 60ern war es mutig, als Mädchen Jeans anzuziehen. Man protestierte damit gegen die bisher geltenden gesellschaftlichen Regeln, also auch gegen die Vorstellungen und Wünsche der eigenen Eltern. Die gleiche Wirkung hatten Jungen mit langen Haaren.

Die Angebote gab es auf Papier, denn es gab noch kein Internet.

Der erste Katalog hatte nur zwölf Seiten und zeigte 144 Textilien. Später kamen Fertighäuser, Radios, Waschmaschinen, Spielzeug, Toaster, Reisen, Versicherungen, Motorroller, Schweinehälften und lebende Ziervögel dazu. Für den Käufer waren die Waren ziemlich preiswert im Vergleich zu dem, was es in den Läden gab. Teilweise waren sie aber unter bedenklichen Bedingungen hergestellt worden, etwa in Frauengefängnissen der Deutschen Demokratischen Republik, in denen Frauen wegen ihrer unerwünschten politischen Meinung einsaßen.

Kleider machen Leute

Interview mit dem Schlagzeuger Oli Rubow, der Lehrbücher schreibt und mit verschiedenen Bands live bei Konzerten auftritt.

Du kommst als Schlagzeuger viel in der Welt herum, trittst in Weißrussland, der Ukraine, Brasilien, Ungarn, aber auch daheim in Hessen auf. Wovon hängt es ab, in welcher Kleidung du auftrittst?

Wenn ich die Kleiderfrage selbst bestimmen darf, kleide ich mich am liebsten neutral und eher unauffällig, ganz in Schwarz – so kann sich das Publikum voll und ganz auf die Musik konzentrieren und wird nicht von optischen Magneten beeinflusst und abgelenkt. Soll oder will ich etwas mehr Aufmerksamkeit erzielen, werden die Fußnägel lackiert oder die roten Handschuhe übergezogen.

Ab und an gibt es aber auch eine vorgeschriebene Kleiderordnung, und so wurde ich über die Jahre hinweg schon in die verschiedensten Kostüme gesteckt: beispielsweise in einen schneeweiß glänzenden Trainingsanzug oder in der Zirkuskapelle in einen maßgeschneiderten Frack. Ich wurde im Theater mit Minirock und High Heels zur Frau umfunktioniert oder musste nahezu ohne Textilien auf die Bühne, um silbern körperbemalt zu werden und ordentlich glitzern zu können.

Hat sich dein Kleidungsstil verändert, seit du zehn oder zwölf Jahre alt warst? Wenn ja, wie?
Als Teenager wurde ich von meinen Eltern öfter auf Demonstrationen mitgenommen, um für die Abschaffung der Kernenergie, den dringend nötigen Umweltschutz oder Weltfrieden einzustehen. Irgendwie wollte ich ebenfalls mithelfen und ging daraufhin mit Latzhose, »Atomkraft – nein danke!«-Button und langen Haaren zur Schule. Meinen heutigen Kleidungsstil würde ich mit minimal und nachhaltig umschreiben: Als die ersten Flüchtlinge aus Syrien in Frankfurt ankamen, habe ich die Hälfte meines Kleiderschranks abgegeben. Seitdem besitze ich noch genau vier Paar Hosen – schwarz und eng –, wenige fair produzierte T-Shirts und Pullover einer spanischen Surfer-Community, die einen Teil ihres Umsatzes zum Schutz der Weltmeere spendet, und für die Füße schließlich noch halbhohe Chucks – in denen es sich am angenehmsten trommelt. Mein allerliebstes Kleidungsstück jedoch ist die Badehose. Die habe ich immer und überall mit dabei, denn auf fast jeder Reise tut sich etwas Schwimm- oder Planschbares auf, und wie auf Knopfdruck stellt sich dann bei mir ein kleines Urlaubsgefühl ein!

Oli Rubow spielt Schlagzeug, seit er 10 Jahre alt ist. Sein Kleiderstil hat sich seitdem verändert.

Wie wurden die ersten Häuser gebaut?

Wann begann das Leben an einem Ort?

In der Jungsteinzeit hörten die Menschen in Hessen auf, in Zelten durchs Land zu ziehen, um zu jagen und Beeren und Gemüse zu sammeln.
Sie errichteten Häuser, um dauerhaft in ihnen zu leben. Sie suchten meist Gebiete mit fruchtbaren Böden aus, auf denen sie Getreide und Gemüse anbauen konnten. In Bad Homburg ist man beim Bau einer neuen Klinik auf die Spuren eines Steinzeithauses gestoßen. Dessen Bewohner hatten das Haus aus behauenen Stämmen errichtet. Sie schlugen mit Steinäxten Bäume in der Umgebung und gruben Löcher für die Pfosten. Die Erde in den Löchern für die Pfähle hat heute eine andere Farbe als die Erde drum herum. So haben die Wissenschaftler die Form des alten Hauses herausfinden können. Auf der Pfostenreihe in der Mitte lag der Dachfirst.

Wie sahen die steinzeitlichen Häuser aus?

Das Haus in Bad Homburg war 30 Meter lang und acht Meter breit, also ziemlich riesig. Die Seitenwände des Hauses bestanden aus dünneren, nebeneinander in die Erde gegrabenen Pfosten, um die mit Ästen eine Art Zaun geflochten wurde. Dieser Zaun wurde mit Lehm verschmiert und auf diese Art eine Wand.

Bei oder in den sogenannten Langhäusern hat man Gruben gefunden, aus denen die Steinzeitmenschen den Lehm für den Bau ihrer Häuser geholt haben müssen. Die entstandenen Löcher im Boden waren ideal, um sie danach als Vorratsschrank im Fußboden zu nutzen.

Im Haus wurde nicht nur geschlafen. Es war zugleich Lagerhalle für die Ernte und Werkstatt. Die Menschen der späten Steinzeit stellten schon kunstvolle Tongefäße her, die sie schön verziert haben. Schafe, Ziegen, Schweine und andere Haustiere lebten direkt am Haus. Um die Häuser standen Hecken oder Zäune, um die Tiere zusammenzuhalten. Außerhalb der Umzäunung lagen die Felder.

Die Haselburg liegt zwischen Brensbach und Höchst im Odenwald.

Welche Räume hatte ein römischer Bauernhof?

Am Limes, also an der Grenze, die die Römer durch Hessen gebaut hatten, lagen Kastelle, in denen Soldaten lebten, sowie Dörfer mit Händlern und Handwerkern. Abgesehen von den Kastelldörfern gab es in römischer Zeit sehr viel weniger Dörfer als heute. Das Land wurde von großen, frei stehenden Gutshöfen aus bewirtschaftet. Hier wurden die Lebensmittel hergestellt, die die Soldaten, aber auch die Dorfbewohner brauchten. Man weiß von mehreren hundert Gutshöfen aus der Römerzeit in Hessen. Die Mehrzahl der römischen »Villae Rusticae«

befand sich in der fruchtbaren Wetterau, in Südhessen sowie in den Tälern des Odenwaldes. Unter all diesen Anlagen ist die »Haselburg« die bislang bekannteste und am weitesten durch Grabungen erforschte Anlage.
Die Hoffläche der Haselburg ist annähernd quadratisch. Sie war umgeben von einer Mauer. Etwa in der Mitte der Nordwestseite lag ein Tor. An der Mauer des Gehöfts gab es Tierställe.
Der Innenhof hatte vermutlich drei Seiten und war von einem Säulengang umgeben, in dem man vor Sonne und Wind geschützt war. Das eigentliche große Wohngebäude war einstöckig mit hohen Räumen. Teilweise gab es sogar Fußbodenheizung. Ausgegraben und rekonstruiert wurden fünf Räume, von denen der mittlere vielleicht einen Speiseraum darstellt.

Römische Tongefäße wurden auch auf dem Gelände der Haselburg gefunden.

Neben dem Hauptgebäude gab es ein angebautes Haus, das als Speisekammer und Küche diente.
Ebenfalls am Innenhof liegt das große Badegebäude. Man betritt zunächst den Umkleideraum. Das Bad der Haselburg hatte ein Warmbad mit Warmwasserwanne, ein lauwarmes Bad sowie ein Kaltbad. Beim Baden schloss man nicht die Tür hinter sich ab. Mehrere Frauen und Mädchen oder der Hausherr und seine Gäste badeten zusammen, lachten und unterhielten sich. Die Toilette hatte einen Extraeingang, und auf ihr ging es gesellig zu, denn Einzelkabinen waren unbekannt.

Wo wohnten Könige und Kaiser?

Die Kaiser und Könige, die vor über 700 Jahren regiert haben, hatten kein festes Zuhause. Sie waren immer unterwegs. Sie mussten sich in allen Teilen ihres Landes immer wieder zeigen, denn sie regierten nicht allein. In allen Gebieten hatten sie Fläche an adelige Ritter verliehen. Diese hatten die Aufgabe, in dem ihnen übertragenen Teil die Bauern zu schützen oder mit dem König oder Kaiser in den Krieg zu ziehen. Da der Herrscher sich nicht immer sicher sein konnte, dass die Ritter auch wirklich auf seiner Seite waren, ließ er sich von den Adeligen im-

Baustelle in Frankfurt am Römer: *Wenn Bauarbeiter auf Reste alter Häuser stoßen, müssen diese untersucht werden.*

Eine Pfalz im Keller !

Der Herrscher Karl der Große lud vor über 1.200 Jahren zu einem Treffen andere wichtige Herrscher aus dem heutigen Europa nach Frankfurt ein. Sie berieten sich in dieser Pfalz. Heute sind die Funde der Pfalz überbaut, aber du kannst sie im Keller des Stadthauses besichtigen.

mer wieder die Treue schwören. Unterwegs lebten Kaiser vorübergehend in ihren Pfalzen. Darüber hinaus standen ihnen Klöster und die Bischofssitze als Unterkunft auf »Geschäftsreise« zur Verfügung. Man weiß, dass die Kaiser ständig in ihrem riesigen Herrschaftsgebiet zwischen Nordsee und Mittelmeer, Frankreich und Italien unterwegs waren und sich selten länger als einige Wochen an einem Ort aufhielten, denn der Kaiser reiste nicht allein. Es folgte ihm ein großer Tross. Und alle mussten in der Pfalz satt werden. Kaiser, Regierung und Gefolge mussten von dem leben, was in der Pfalz vorher geerntet worden war oder in den Dörfern der Umgebung zur Verfügung stand. Sie konnten sich immer nur so lange an einem Ort aufhalten, wie die Vorräte reichten.

Die Kaiserpfalz in Gelnhausen wurde auf einer von dem Fluss Kinzig umspülten Insel errichtet.

Wo gab es Pfalzen?

Eine Pfalz war nicht nur eine zeitweilige Wohnung des Kaisers. Die Pfalz war auch Wohn- und Arbeitsort für die Verwalter einer großen Landwirtschaft und vieler Bauern, die für die Pfalz arbeiteten. In Hessen gab es in Fritzlar, in Hersfeld, in Seligenstadt und in Gelnhausen eine Pfalz. In Fritzlar und Hersfeld gibt es nichts mehr zu entdecken, in Seligenstadt ist nur noch eine Mauer vorhanden, doch in Gelnhausen kann man gut sehen, wie der Kaiser hier unterkam. Holzdecken und Böden fehlen, aber es sind noch viele steinerne Reste vorhanden.

Im ersten Stock des Hauptgebäudes lagen die beiden Kaiserzimmer, das innere in einer Fensternische mit Ecksäulen und Sitzbänken. Das Fenster endete oben in zwei Bögen. Gesessen hat man in Burgen generell meist auf Steinbänken am Fenster, denn nur dort hatte man tagsüber genügend Licht.

Neben dem Kamin im Kaisersaal sind die steinernen Rückenlehnen zweier Sitze

An dieser Mauer *kannst du den Abort-erker wunderbar sehen.*

angebracht. Sie sind reich verziert, aber eben steinhart. Dennoch saßen hier der Kaiser und die Kaiserin, die durch die Nähe zum Feuer weniger frieren mussten als die Gäste. Die Fenster zeigen keine Verschlüsse. Daraus lässt sich schließen, dass die Fenster Löcher waren, durch die der Wind ungehindert pfiff. Es gab noch keine durchsichtigen Fensterscheiben. Das dürfte im Winter ziemlich kalt gewesen sein!

Wenn der Kaiser oder ein Besucher mal auf Toilette musste, benutzte er einen Abort, einen Erker in der Ringmauer, von dem man durch ein Loch im Boden ins Freie pinkeln konnte.

Schloss Bieberstein war nur für Aufenthalte im Sommer gedacht.

Schlösser für jeden Zweck!

In der sogenannten Zeit des Absolutismus durfte der jeweilige Herrscher alles selbst bestimmen, die Untertanen hatten nichts zu sagen. Der König oder Fürst ließ riesige Schlösser als Zeichen seiner Macht bauen.

Wer war ein Bürger?

Das Wort Bürger kommt von Burg. Im frühen Mittelalter lebten in den Burgen Ritter, deren Aufgabe es war, die Bauern ihrer Umgebung zu schützen. Wenn raubende Gruppen unterwegs waren oder wenn es zu einem Krieg kam, dann hatten die Bürger das Recht, in die Burghöfe zu fliehen. Es wurde dort dann ziemlich eng, aber ein kleines Gelände mit Mauern ließ sich besser verteidigen.

Vor 800 Jahren bekamen immer mehr Städte das Recht, ihre Häuser durch eine eigene Mauer zu schützen. Die Stadt selbst wurde zur Schutzburg, ihre Bewohner nannten sich Bürger.

Wozu waren Stadttore da?

Die Stadttore wurden nicht nur zugemacht, wenn Feinde im Anmarsch waren. Sie wurden jeden Abend geschlossen. Auch tagsüber wurde kontrolliert, wer in die Stadt wollte. Die Stadttore waren kaum zu überwinden. Sie hatten große Flügeltüren als Eingang, einen dicken Balken als Riegel, mit dem das Tor verschlossen wurde, ein Fallgitter, mit dem man das Innere schnell auch bei geöffneten Türen schließen konnte, und eine Zugbrücke über den Stadtgraben, die man hinaufziehen konnte, sodass Eindringlinge nasse Füße bekamen.
In Büdingen kann man noch eine fast komplette Stadtbefestigung sehen.

Innerhalb der Mauern befinden sich nur wenige Häuser, die ganz aus Stein gebaut sind: die herrschaftlichen Häuser der adeligen Stadtherren, die Liebfrauenkirche, das Rathaus und das Gasthaus »Zum Schwanen«. Die anderen Häuser sind billiger gebaut. Sie gehörten den Familien von Ackerbürgern, also Bauern, die zwar in der Stadt wohnten, aber tags draußen auf ihren Feldern arbeiteten, Handwerkerfamilien, die in der Stadt ihre Werkstatt hatten, und Burgmannen, die die Aufgabe hatten, die Stadt zu verteidigen, wenn sie angegriffen wurde.

Schloss Kranichstein diente für luxuriöse Jagdfeste mit anderen Adeligen.

Ausflugstipp!

Kunst und Kitsch für die Jagd

Das Jagdschloss Kranichstein enthält jede Menge barocke Kunst. Schon im Treppenhaus steht ein ausgestopfter Bär mit Glasaugen und einem Tablett in der Hand. Schließlich wollte der Landgraf seine Jagderfolge auch präsentieren. Im Hirschgang hängen Hirschgeweihe von erlegten Tieren. Ludwig VIII. ließ nach gelungenen Jagden sogar im Schloss ausgestellte Medaillen drucken. Durch den bewaldeten Park von Schloss Kranichstein verlaufen offene Schneisen, durch die Helfer Hirsche in Richtung Schloss treiben mussten, damit der Landgraf Ludwig VIII. von Hessen-Darmstadt sich beim Jagen nicht so anstrengen musste. Verzehrt wurden die zubereiteten Tiere im Kreise hochrangiger Gäste an einer ovalen Tafel unter einem schweren Kronleuchter im Hirschsaal. Als Toilette stand im Schloss Kranichstein eine »Commodität« (eine »Gemütlichkeit«) zur Verfügung, die ein Buchbinder angefertigt hatte. Von außen sieht das Klo aus wie ein Bücherstapel. Wenn man den oberen Deckel öffnet, kann man sich setzen …

Jagdschloss Kranichstein
Kranichsteiner Straße 261
64289 Darmstadt
www.jagdschloss-kranichstein.de

Die »Frankfurter Schränke« sind so gebaut, dass man sie vollständig zerlegen kann. Das ist hohe Kunst.

Was war ein Frankfurter Schrank?

Vor 450 Jahren hatten die Schreiner aus Frankfurt einen sehr guten Ruf. Sie stellten prunkvolle Kleiderschränke her. Oft arbeitete ein Schreiner ein ganzes Jahr an einem einzigen Schrank und verzierte ihn mit Intarsien, also eingelegten Holzstücken von verschiedenen Baumarten. So ein Schrank war zu kostbar, um im Schlafzimmer zu stehen, auch wenn er ursprünglich zur Aufbewahrung von Bettwäsche oder Kleidern gedacht war. Er stand traditionell im Flur des Hauses, damit man ihn sehen konnte. Da die Schränke relativ groß waren, begannen die Besitzer späterer Jahre, sie auch ganz anders zu nutzen. Der deutsche Kaiser Wilhelm II. hatte sich in Bad Homburg eine Toilette in einem Schrank verstecken lassen – in einem anderen Frankfurter Schrank stand sein Telefon, von dem aus er ungestört in Berlin anrufen konnte. Im Schrank befand sich auch ein zu seiner Zeit noch sehr modernes elektrisches Licht.

Mit Leidenschaft für Tapeten

Interview mit Frau Dr. Astrid Wegener vom Deutschen Tapetenmuseum. Dieses ist wegen Umbauarbeiten zurzeit geschlossen, soll aber ein neues Gebäude bekommen.

Frau Dr. Wegener, Sie sind Leiterin der Schlossmuseen in Kassel und betreuen eine riesige Tapetensammlung. Woher kommen die Tapeten?

Das Tapetenmuseum wurde vor fast 100 Jahren vom »Verein Deutsches Tapetenmuseum« gegründet. Dafür hatten sich führende Tapetenhersteller und -händler zusammengeschlossen. Den Grundstock der Sammlung bildete eine private Tapetensammlung von Geheimrat Gustav Iven. Heute haben wir rund 23.000 Objekte. Sie zeigen die Entwicklung der Tapeten von der Frühen Neuzeit bis in die Gegenwart.

Seit wann gibt es denn Tapeten in Hessen?

Die ersten Tapeten in Hessen bestanden aus Leder. Die waren vor 600 Jahren nur etwas für reiche Leute. Vor 250 Jahren produzierte die berühmte Manufaktur Nothnagel in Frankfurt Leinwandtapeten für die ganze Welt. Diese muss man sich wie Gemälde auf den vier Wänden vorstellen. Darüber hinaus waren chinesische Tapeten in diesem Jahrhundert sehr beliebt, wie sie sich in der Hallenburg in Schlitz erhalten haben.

Was fasziniert Sie selbst an Tapeten?

Mich fasziniert die Möglichkeit, dass man eine Wohnung schnell wieder modern aussehen lassen kann, oder so, wie es der eigenen Stimmung entspricht.

Wie ist Ihre eigene Wohnung tapeziert?

In unserem denkmalgeschützten Fachwerkhaus bewahren wir historische Tapeten und experimentieren immer wieder mit aktuellen Mustern.

Tapeten waren einst ein großer Luxus. Die Geschichte der Tapete zu bewahren gehört zu den Aufgaben von Frau Dr. Wegener.

Die Frankfurter Küche hat herausziehbare Schütten, damit man schnell an oft benötigte Lebensmittel kommt.

Was ist eine Frankfurter Küche?

Als vor etwa 120 Jahren große Fabriken entstanden, zogen viele Menschen in die Städte, die daraufhin sehr eng wurden. Neue Siedlungen entstanden mit kleinen und preiswerten Wohnungen – und die mussten möbliert werden. Die extra entworfenen »Frankfurter Küchen« wurden am Fließband hergestellt. Es waren Einbauküchen. Zwischen 1926 und 1932 bekamen insgesamt etwa 10.000 Wohnungen in Frankfurt am Main fast die gleiche Küche. Sie sollte praktisch sein. Es kochten damals daheim fast immer die Frauen, die aber auch zur

Arbeit gingen. Die Küchen sollten die Arbeit erleichtern und unnötige Wege sparen. Alles war gut zu erreichen und einfach zu putzen. Woran die Architekten aber nicht gedacht hatten: Für Familien mit Kindern waren die Küchen viel zu klein. Gegessen wurde in einem anderen Raum, in dem mehr Platz war. Die einzige Küche, die man am ursprünglichen Ort besichtigen kann, befindet sich im Ernst-May-Haus in Frankfurt in der Siedlung Römerstadt.

Wo wohnte man in den Dörfern ganz modern?

Die Idee eines Dorfgemeinschaftshauses war folgende: Die Menschen auf dem Land sollten so modern wohnen können wie die in der Stadt. Auf den Bauernhöfen gab es vor 65 Jahren meist noch kein Badezimmer, keine Waschmaschine und schon gar keinen Fernseher. Die Menschen fühlten sich vom Fortschritt abgeschnitten.

Das Emblem zeigt, dass das Dorfgemeinschaftshaus für Erwachsene und Kinder errichtet wurde.

Die Landesregierung beschloss daher, dass in den Gemeinden Häuser errichtet wurden, in denen all das bereitstand, was sich die Familien in den Dörfern wünschten und was ihren Alltag wesentlich leichter machte.

Es gab Gemeinschaftsbäder, Waschmaschinen, Gemeinschaftsgefrierschränke, aber auch Kindergärten. In Fernsehräumen konnte die Bevölkerung die Nachrichten und Spielfilme sehen – und da es die heutige Auswahl an Programmen noch nicht gab, war auch Streit unwahrscheinlich. An elektrischen Nähmaschinen konnten sich Jugendliche und Erwachsene modische Kleidung nähen. Manchmal gab es eine Kegelbahn oder Vereinszimmer. Kinder und Erwachsene konnten in die Bücherei gehen und dort Zeitungen und Bücher lesen.

SENSATIONELLER BETON

Die ältesten Betonteile Deutschlands stehen seit fast 140 Jahren im Dreieichpark in Offenbach. Sie waren auf der damaligen Weltausstellung eine technische Sensation.

Besuche das Deutsche Architekturmuseum!

Du interessierst dich für Häuser, Wolkenkratzer und Brücken und findest spannend, wie sie gebaut werden? Dann auf nach Frankfurt ins Deutsche Architekturmuseum! Dort kannst du dir Ausstellungen anschauen, dich in Workshops mit verschiedenen Architekturthemen beschäftigen und eigene Modelle entwerfen. An mehreren Sonntagen im Jahr gibt es etwa die Bauwerkstatt zu wechselnden Themen: Mal erschaffst du ein riesiges Kartenhaus, mal eine Brücke aus Bierdeckeln. Spezielle Angebote zum Bauen gibt es auch in den Ferien: So verwandelt sich ein Teil des Museums im Sommer und Winter zur großen LegoBaustelle mit 250.000 bunten Steinen. Du kannst mit ihnen einfach drauflos werkeln oder an wechselnden Wettbewerben teilnehmen.

Für Kindergruppen und Schulklassen gibt es im Museum viele Angebote zu unterschiedlichen Themen: Sie reichen von Höhlen und Baumhäusern über Brücken bis hin zu Wolkenkratzern. An dem Hochhaus-Projekttag erfährst du zum Beispiel, warum die Gebäude wackeln und es in ihrer Nähe oft so windig ist. Mit den anderen Teilnehmern begibst du dich auf Spurensuche durch Frankfurt, besichtigst Hochhäuser und baust anschließend im Museum standfeste Wolkenkratzer aus Papierstreifen und Schnüren.

Deutsches Architekturmuseum (DAM)
Schaumainkai 43
60596 Frankfurt am Main
www.dam-online.de

Der Europaturm wird von den Frankfurtern wegen seiner Form Ginnheimer Spargel genannt.

Architekt für die Post

Der Architekt Johannes Möhrle, 1931 in Frankfurt geboren, hat insgesamt zehn Postämter in Hessen entworfen. Das berühmteste ist das in Marburg, heute steht es unter Denkmalschutz. Das Postamt besteht aus einem damals neuartigen Leichtbeton, der durch die Form aus Brettern, in die er gegossen wurde, ein Streifenmuster bekam. Der Beton sollte nicht zu klotzig wirken. So hat Möhrle den Eingangsbereich und die Innenräume in bunten Farben streichen lassen. Das berühmteste Gebäude Möhrles ist der Frankfurter Fernmeldeturm. Er war mit einer Höhe von 331 Metern 1979 das höchste frei stehende Bauwerk der Bundesrepublik Deutschland. 2017 starb Johannes Möhrle in Bad Homburg.

Was gab es zu essen?

Womit jagten die Menschen?

Die Menschen der Steinzeit vor 10.500 Jahren hatten noch keine Gewehre. Sie jagten mit Pfeil und Bogen. In Hombressen hat man Pfeilspitzen aus dieser Zeit gefunden. Sie sind winzig klein, denn der verwendete scharfkantige Feuerstein war kostbar. Er kam aus Norddeutschland, war vielleicht eingetauscht oder von einer Wanderung mitgebracht worden. Dieser Stein ließ sich hervorragend spalten. Die Spitze wurde vorn auf die Spitze des Pfeils geklebt. Als Klebstoff diente Birkenpech, das entsteht, wenn man Birkenrinde kocht. Birkenpech kann man verstreichen, solange es heiß ist. Erkaltet es, wird es steinhart.

Steinklingen und Pfeilspitzen, *die kürzer sind als drei Zentimeter, nennt man Mikrolithen.*

Wer half bei der Jagd?

Nach dem Ende der letzten Eiszeit bildeten sich in Europa Wiesen und Wälder aus. Auf ihnen weideten Auerochsen. Diese waren mit den heutigen Kühen verwandt, hatten aber viel größere Hörner und wurden bis zu 1.000 Kilogramm schwer, also etwa so schwer wie drei Reitponys. Die Auerochsen waren ungezähmt und wild. Sie rannten deutlich schneller als die Menschen, und wenn man ihnen zu nahe kam, griffen sie an. Es war für die Menschen der Steinzeit nicht leicht, sie zu jagen. Geholfen haben ihnen Hunde. In Frankfurt ist das Skelett eines Auerochsen gefunden worden. Daneben lagen die Knochen eines Hundes. Die Bissspuren am Auerochsenskelett beweisen die gemeinsame Jagd von Mensch und Hund.
Die Menschen hatten mehr Jagderfolg, wenn schnelle Hunde mitjagten, und für die Hunde war es leichter, ein angeschossenes Tier zu Boden zu reißen als ein gesundes. Gemeinsame Jagd brachte also beiden Seiten Vorteile – und da ein Auerochse genügend wiegt, konnten auch Menschen und Hunde davon leben.

Auerochse im Kampf *gegen eine Jagdhundmeute. Das Bild wurde von Johann Heinrich Roos mit Ölfarben gemalt. Der Maler lebte vor 350 Jahren.*

Was aßen die reichen Kelten?

Man konnte nachweisen, dass der Keltenfürst, dessen Grab man am Glauberg gefunden hat, fast ausschließlich Fleischesser war. Das Fleisch stammte von Rindern und Schweinen, hin und wieder musste auch ein Hund dran glauben. Dass die Kelten viel Wildschwein gegessen hätten, wie es zum Beispiel in den Asterix-Comics dargestellt wird, stimmt nicht. Sie haben insgesamt eher selten gejagt und ihre Tiere lieber auf ihren Höfen gehalten.

Bohnen, Erbsen, Linsen und Getreide gab es schon zur Keltenzeit zu essen.

Und was aß die einfache Bevölkerung?

Für niedere Schichten war Hirse das Hauptnahrungsmittel. Blütenstaub, der an Funden aus der Keltenzeit hängt, ist unter einem Mikroskop untersucht worden, um Informationen über die Ernährungsgewohnheiten zu bekommen. Nur Spezialisten können anhand des Blütenstaubs die Pflanze bestimmen, von der er stammt. Man nennt diese Wissenschaftler, die untersuchen, was früher gegessen wurde, Archäobotanikerinnen und -botaniker. Sie haben zum Beispiel herausgefunden, dass vor 2.500 Jahren im heutigen Hessen intensive Landwirtschaft betrieben wurde.

So hat sich erschlossen, dass zur Keltenzeit verschiedene Getreidesorten angebaut wurden. Emmer, Weizen und Dinkel wurden gesät und geerntet, um Brote daraus zu backen. Hirse und Gerste nutzte man für Brei und Brote, für Eintöpfe und zum Bierbrauen. Außerdem wurden Reste von

Hirse

Roggen und Einkorn nachgewiesen. Einen großen Anteil an der Ernährung bildeten Erbsen, Linsen und Bohnen. Die Kelten naschten wohl auch gern wild gesammelte Haselnüsse, Bucheckern, Waldhimbeeren, Schlehen und Holunder.

Dr. Udo Recker

Wie aßen die Römer?

Diese Frage beantwortet der hessische Landesarchäologe, Herr Dr. Udo Recker.

Sie sind Landesarchäologe. Was ist das für ein Beruf?

In jedem Bundesland gibt es eine eigene Behörde für Denkmalpflege. Die jeweiligen Leiter der archäologischen Fachbehörden in den Ländern werden als Landesarchäologen bezeichnet. Zusammen mit ihren Mitarbeiterinnen und Mitarbeitern sorgen sie dafür, dass das im Boden verborgene archäologische Erbe unserer Vorfahren vor Zerstörung geschützt, wissenschaftlich untersucht und dokumentiert wird.

Gibt es Lebensmittel, die erst durch die Römer nach Hessen kamen?

Ja, zum Beispiel Kichererbsen und grüne Bohnen, aber auch eine Vielzahl an Früchten wie Kirschen, Pflaumen oder Feigen sowie Gewürze. Da insbesondere frische Früchte nur zu Erntezeiten verfügbar und zudem leicht verderblich waren, wurden Konservierungsmethoden wie Trocknen an der Sonne und Einlegen in Honig oder Essig angewandt, um diese länger haltbar zu machen.

Weiß man, wie oft am Tag die Familien gegessen haben?

In der Regel nahmen die Römer drei Mahlzeiten zu sich: Frühstück, Mittag- und Abendessen. Allerdings lag das Hauptaugenmerk auf dem Abendessen, das Frühstück fiel eher knapp aus.

Aßen Männer, Frauen und Kinder zusammen?

Ja, Familien nahmen die Mahlzeiten gemeinsam ein.

Wie unterscheiden sich die Tischsitten von unseren heutigen?

Die Männer nahmen ihre Mahlzeiten auf einer sogenannten Kline liegend zu sich, das ist eine Liege mit hochgebogenem Kopfende. Frauen benutzten einen Stuhl. Für Kinder war ein eigener Tisch vorgesehen.

Wo wuchs die erste deutsche Kartoffel?

Die Kartoffel stammt aus Südamerika, sie ist am Titicacasee daheim. Selbst in einer Höhe von rund 5.000 Metern kann die Kartoffel noch gedeihen.
Nachdem die ersten Europäer Südamerika betreten hatten, galt in Europa alles als exotisch und bewundernswert, was von dort kam – aus der fernen, weiten Welt. So war es auch mit der Kartoffel. Sie sah schön aus, wenn sie blühte. Zum Essen schienen die Kartoffeln zu schade zu sein. Und so brachte die Schönheit ihrer Blüte den Botaniker Charles de l'Écluse dazu, die Knolle 1588 in den botanischen Gärten von Frankfurt am Main und Kassel anzupflanzen. Frauen schmückten sich mit den Blüten Hüte und Perücken. Zwar probierten auch einige Wagemutige das Gewächs, doch sie wussten nicht, dass man Kartoffeln nur gekocht essen kann, roh sind sie für uns Menschen giftig.

Kartoffelblüten und ihre Früchte, die Kartoffeln

Wem schmeckte die Kartoffel?

Landgraf Wilhelm IV. von Hessen-Kassel hatte den Mut, die Kartoffeln gekocht zu kosten. Sie schmeckten ihm. 1591 schenkte der Landgraf seinem Kollegen in Sachsen einige Knollen. Die kostbaren Pflanzenteile wurden »Taratouphli« genannt. Dem Geschenk lag ein Brief bei mit der Bemerkung, dass »Dießelbige wenn sie gekocht werdenn, seindt sie gar anmuthig zu eßenn«. Mehr als 100 Jahre später, als Hungersnöte die Menschen plagten, setzte sich wieder ein Landgraf, diesmal Karl von Hessen-Kassel, intensiv für die Kartoffel als Nahrungsmittel ein. Er überzeugte die Bauern bei Kartoffeln mit Kopfsalat von dem guten Geschmack, sodass sie begannen, die schmackhafte Knolle begeistert anzubauen.

Bereite Pommes rot-weiß zu!

DU BRAUCHST (für vier Esser):

Für die Pommes:
- 8 große Kartoffeln
- 50 ml natives Rapsöl
- 1 Plastikdose mit Deckel
- Backpapier
- unbehandeltes Salz
- Paprikapulver

Für das Ketchup:
- 1 rote Zwiebel
- 2–3 EL Rapsöl
- 200 ml Apfelsaft
- 100 ml Malzbier
- 400 g gehackte Tomaten aus dem Glas
- 3 EL Apfelessig
- 3 EL Schwarze Johannisbeerkonfitüre
- 1 Prise unbehandeltes Salz
- 1 Prise schwarzer Pfeffer aus der Mühle

Für die Mayonnaise:
- 4 Eigelbe
- ½ Knoblauchzehe
- 1 TL Senf
- 100 ml natives Rapsöl
- Abrieb und Saft einer Bio-Zitrone
- 1 Prise unbehandeltes Salz
- 1 Prise schwarzer Pfeffer aus der Mühle
- 1 EL saure Sahne

SO GEHT'S:

1. Beginne mit dem Ketchup: Schäle die rote Zwiebel, schneide sie in feine Würfel und brate sie in Rapsöl an. Gib Apfelsaft und Malzbier dazu und koche alles so lange, bis die Flüssigkeit fast weg ist und ein dicker Sirup entstanden ist. Das dauert mindestens eine halbe Stunde. Ist der Sirup so weit, fügst du gehackte Tomaten hinzu und lässt alles etwa 20 Minuten köcheln. Jetzt gibst du Essig und Konfitüre hinein und schmeckst alles mit Salz und Pfeffer ab. Zum Schluss zerkleinerst du das Ketchup mit einem Pürierstab.

Hier helfen dir deine Eltern!

2. Nun sind die Pommes dran: Schäle die Kartoffeln und schneide sie in Streifen. Dann füllst du das Öl in eine Plastikdose, schüttest die Kartoffelstreifen in die Dose, machst den Deckel drauf und wendest die Dose ein paarmal. So verteilt sich das Öl gleichmäßig um die Kartoffelstreifen. Lege Backpapier auf ein Ofenblech, und breite die Kartoffelstreifen darauf aus. Das Blech kommt für 20 Minuten bei 180 Grad Umluft in den Ofen. Wenn die Pommes knusprig genug sind, würze sie mit Salz und Paprikapulver.

3. Während deine Pommes im Ofen sind, kümmerst du dich um die Mayonnaise. Fülle die Eigelbe mit dem Knoblauch und dem Senf in ein hohes Gefäß. Mixe beides mit einem Pürierstab und gib das Rapsöl dazu. Erst tröpfchenweise, dann etwas mehr, bis eine feste Mayonnaise entsteht. Schmecke die Mayonnaise mit Zitronensaft und dem Abrieb der Zitronenschale sowie mit Salz und Pfeffer ab. Gib einen Esslöffel saure Sahne dazu, damit die Mayonnaise nicht so fettig wird.

Für ZEIT LEO denkt sich die berühmte Köchin Sarah Wiener Rezepte aus, die jeder nachmachen kann. Unter dem Motto »Ich kann kochen!« hat sie eine Ernährungsbildungsinitiative ins Leben gerufen, bei der Lehrer und Erzieher kostenfrei fortgebildet werden. www.ichkannkochen.de

Sieht auch heute noch richtig edel aus: Porzellan aus Höchst.

Wann kam Geschirr aus Höchst auf den Tisch?

Im Jahr 1746 wurde in Höchst die zweite Porzellanmanufaktur Deutschlands gegründet. Dabei hätte dort eigentlich gar niemand wissen dürfen, wie Porzellan hergestellt wird. Das zarte, leicht lichtdurchlässige und zerbrechliche Porzellan war damals noch sehr selten und äußerst kostbar. Die Chinesen haben es erfunden, lange wurde es nur in China produziert. Im 16. Jahrhundert kam Porzellan auf Handelsrouten über Land und auf dem Seeweg nach Europa. Die Adeligen in Europa waren bereit, viel dafür zu bezahlen. In Meißen gab es die erste europäische Manufaktur, doch das Geheimnis der Herstellung wurde dort vom sächsischen König streng gehütet. Seine Porzellanmacher hielt er wie Gefangene. Einem von ihnen, dem Porzellanmaler Adam Friedrich von Löwenfinck, gelang jedoch die Flucht. Zwei Frankfurter Kaufleute gründeten mit seiner Hilfe in Höchst eine Porzellanmanufaktur. Allerdings gelang ihnen das Brennen am Anfang nicht so gut.

Durch und durch weißes Porzellan entstand erst vier Jahre später dank eines fähigen Ofenbauers. Das Höchster Porzellan schmückte danach aber die feinen Tafeln des Landes.

Wo trank man Selterswasser?

Die Römer nannten Quellen, an denen sprudelndes Wasser austrat, aqua saltare, übersetzt: »hüpfendes Wasser«. Wahrscheinlich hat die Ortschaft Niederselters ihren Namen deswegen erhalten, denn dort gibt es einen Mineralbrunnen. Vor etwa 440 Jahren hat ein Arzt den Brunnen so beschrieben: »Er wirft zwei große dicke Brodel oder Quellen über sich, einem siedenden Kessel gleich, hat auch einen großen starken Auslauf, einen Arm dick, ist sehr hell, durchsichtig und klar wie Kristall und hat einen über die Maßen lieblichen, anmutig sauren Geschmack.« Zuerst durfte jeder kostenlos Wasser am Brunnen holen, aber bereits vor fast 300 Jahren regelte eine Brunnenordnung, dass nur Bewohner der Gemeinden Oberselters, Eisenbach, Oberbrechen und Eufingen kostenlos Wasser trinken und mit nach Hause nehmen durften. Das entnommene Wasser sollte auch nur im eigenen Haushalt verbraucht werden. Schon 1791 wurde das saure Wasser in Tonkrügen um die Welt verschifft und gelangte bis nach Skandinavien, Russland, Nordamerika, Afrika und sogar bis nach Jakarta in Indonesien. Jährlich wurden Millionen Krüge Selterswasser aus dem Niederselterser »Gesundbrunnen« in die ganze Welt verkauft. In die Gefäße war der Ortsname »Selters« eingeprägt. So setzte sich in vielen Ländern der Name »Selterswasser« für Mineralwasser durch.

Restaurierter Brunnentempel in Niederselters

Lauter Flaschen!

1999 wurde die Abfüllanlage am Brunnen in Niederselters geschlossen. Heute gibt es dort ein Selterswassermuseum mit der weltgrößten Mineralwasserflaschensammlung. Es sind mehr als 2.000 Flaschen, nicht nur aus Selters.

Wer erfand Kindernahrung und Backpulver?

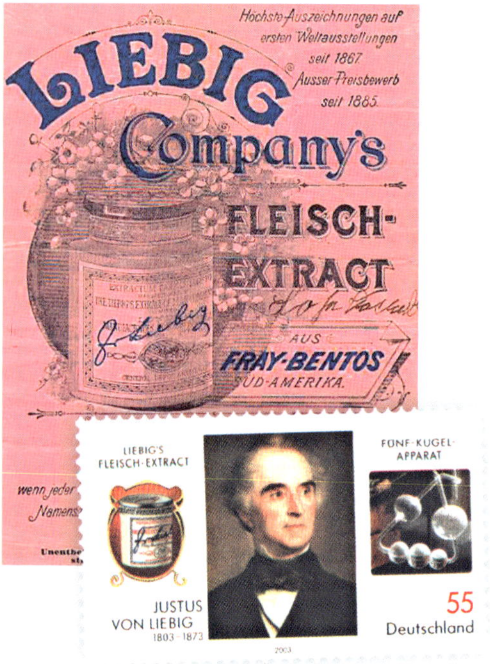

Justus von Liebig wurde 1803 in Darmstadt geboren und war ein schlechter Schüler. Dennoch wurde er später Chemieprofessor in Gießen. Das Fach Chemie war noch nicht sehr bekannt, doch Liebig brachte eine eigene Zeitschrift heraus, die er »Annalen der Chemie« nannte und die den Lesern zeigte, wie wichtig Chemie im Alltag war. Immer mehr Studenten kamen nach Gießen, um bei Justus von Liebig zu lernen. Er ließ sie Lebensmittel untersuchen.

Justus von Liebig wurde auch auf Briefmarken geehrt.

Lasse eine Backpulverrakete steigen!

Um zu sehen, welche Kraft Backpulver hat, kannst du ein tolles Experiment durchführen.

DU BRAUCHST:
Eine leere Pastillendose mit verschließbarem Deckel oder ein Tablettenröhrchen von Brausetabletten, pro Start der Rakete 1 TL Backpulver und 3 TL Essig, eine Ski- oder Schwimmbrille

SO GEHT'S:
Suche draußen einen geeigneten Platz für den Raketenstart, wo es nicht stört, wenn Backpulver und Essig herumspritzen. Setze die Brille auf – zur Sicherheit.

Gib die beiden Zutaten in die Dose, verschließe sie schnell mit dem Deckel, schüttle kurz. Stelle die Dose mit dem Deckel nach unten auf den Boden – zurücktreten!

Im Labor Justus von Liebigs *wurden Lebensmittel erforscht.*

Was ist drin im Fleisch, in der Milch, im Getreide? Das wollte er wissen. Aus diesen Forschungen entstanden neue Produkte.
Wenn Mütter zum Beispiel zu wenig Muttermilch hatten, konnten sie ihre Kinder zu jener Zeit gegen Geld einer anderen Frau geben, die ihren Säugling stillte. Der Beruf hieß Amme. Ohne Geld wurde es schwierig für Mutter und Kind. Liebig wollte Abhilfe schaffen und entwickelte nach längeren Untersuchungen eine »Suppe für Säuglinge«, wie er das Produkt nannte. Die Säuglingsnahrung war erfunden!
Liebig fand auch eine Lösung für das schnelle Verderben von Hefebrot. Zusammen mit einem amerikanischen Schüler entwickelte er das, was heute als Backpulver bei euch im Schrank liegt und das Backen sehr erleichtert.

Wer trank Liebigs Fleischextrakt?

Seit den 1840er Jahren entwickelte Liebig einen konzentrierten Fleischtrank. 1853 gab er ihn als stärkende Kost an ein krankes Mädchen. Es hieß Emma und hatte Cholera. Sie konnte nichts Festes mehr essen. Wie durch ein Wunder wurde das Kind wieder gesund. Liebig veröffentlichte daraufhin das Rezept in seinen »Annalen der Chemie« unter dem Titel »Eine neue Fleischbrühe für Kranke«. 1862 bot der Unternehmer Georg Christian Gilbert Justus von Liebig an, mit ihm zusammen das Extrakt, von dem er gelesen hatte, in Uruguay herzustellen. Zu der

Sammelbildchen bekamen die Käufer des Fleischextraktes als kleines Geschenk.

Zeit gab es in Südamerika billiges Rindfleisch. Liebigs und Gilberts Idee war es nun, das Fleisch in Südamerika einzukochen und in Dosen nach Deutschland zu bringen, wo arme Menschen diese für wenig Geld kaufen konnten. Allerdings war die Herstellung des Brühekonzentrats doch zu teuer.
Der Fleischextrakt wurde anfangs nur in Apotheken verkauft und von Ärzten als teure Krankennahrung verschrieben. Die Brühe, die wir heute kaufen können, hat mit Liebigs Fleischextrakt kaum mehr etwas gemeinsam.

Das Pulver kommt auf

Am 10. August 1814 kam Heinrich Nestle in Frankfurt am Main auf die Welt. Er wanderte in die Schweiz aus und nannte sich dort Henri Nestlé. Er kannte Justus von Liebigs »Suppe für Säuglinge« und wollte sie verbessern. Sein Produkt nannte er »Kindermehl«. Das Pulver aus kondensierter Milch, Zucker, Pottasche und dünn gebackener, gemahlener Brotkruste war haltbar und für die Kleinen gut verträglich. Das Mehl kochten die Eltern mit Wasser auf. 1867 begann Henri Nestlé, das Milchpulver zu verkaufen. Sieben Jahre später wurde es schon in 18 Länder geliefert!

KNUSPRIG

In Friedrichsdorf existierten um 1900 rund 15 Zwieback-Bäckereien gleichzeitig. Sie verkauften Zwieback in Blechdosen in die ganze Welt. Aus einer Zwieback-Bäckerei ging einer der größten Produzenten für Kindernahrung hervor: die Firma Milupa.

Ausflugstipp!

In Milchkannen wurde früher die Milch zur Molkerei gebracht.

Upländer Milchmuhseum in Willingen-Usseln

1898 schlossen sich 35 Landwirte im Upland zu einer Genossenschaft zusammen, das heißt, sie haben ihre Milch gemeinsam verarbeitet und verkauft. Mit Ochsen- und Pferdegespannen wurden damals täglich 500 Liter Milch von Bauernhöfen in Usseln und den umliegenden Dörfern an die »Upländer Gebirgsmolkerei« geliefert.
Vor 50 Jahren wurde das alte Molkereigebäude zu klein. Ein neues wurde gebaut. Seit 2002 dient die alte Molkerei als Museum und als Laden für Biomilch, Biojoghurt und Biobutter, denn die Upländer Bauernmolkerei, der das Museum gehört, verarbeitet nur Milch aus biologischer Landwirtschaft.
Das bedeutet, dass jede Kuh einen eigenen Fressplatz hat. Die Liegeflächen müssen mit Stroh, Spelzen oder Sägemehl eingestreut sein. Im Winter leben die Milchkühe entweder in einem Laufstall oder haben regelmäßig Auslauf. Während der Sommermonate dürfen sie auf die Weide oder haben einen Auslauf, in dem sie Grünfutter bekommen. Kälbchen bekommen zwölf Wochen lang Milch.
Im Museum kannst du anhand einer Sperrholzkuh üben, wie man von Hand melkt. Im ehemaligen Kühlraum gibt es ein Kino, das die Geschichte der Milchwirtschaft im Upland zeigt. Es gibt auch Mitmachangebote für Schulklassen, bei denen Butter hergestellt wird. Beim Tragen des schweren Milchjochs fühlst du dich wie ein richtiges Milchmädchen. Die Sammlung von Milchkannen aus aller Welt zeigt, wie Milch in andere Länder transportiert wurde und wird. Statt einer Kasse für den Eintritt steht im Eingangsbereich eine Milchkanne. Jeder bestimmt selbst, was ihm der Eintritt ins Museum wert ist.

Upländer Milchmuhseum
Korbacher Straße 6
34508 Willingen-Usseln
www.muhseum.de

Wer gründete die erste Schule?

Wo wurde gelesen und geschrieben?

In Europa konnte man vor 1.300 Jahren nur an wenigen Klöstern das Schreiben und Lesen lernen. Ein Mann, der das konnte, war Wynfreth. Er wurde etwa 672 in Britannien geboren. Als er sieben Jahre alt war, gaben ihn seine Eltern ins Kloster Exeter. Dort erhielt Wynfreth seine Ausbildung und Erziehung, und er wohnte jetzt nicht mehr in der Familie, sondern bei den Mönchen. Später arbeitete er als Lehrer für Grammatik und Dichtung.

Nach Hessen kam Wynfreth, weil er den Menschen die christliche Religion bringen wollte. Hier gab es zwar schon Christen, aber viele Menschen verehrten gleichzeitig auch noch Götter. Etwa im Jahr 724 ließ er in Fritzlar eine kleine Kirche aus Holz bauen. Neben der Kirche entstanden ein kleines Kloster und eine Klosterschule. Erster Vorsteher wurde ein Brite, Wigbert, einer der Freunde Wynfreths,

Liedblatt aus der Dombibliothek in Fritzlar

Beschriebene Blätter!

In der Dombibliothek in Fritzlar kannst du von Hand geschriebene Bücher aus der ersten Schule Hessens sehen. Die Tinte für die Handschriften stellte man unter anderem aus Gallăpfeln her, aus runden Geschwülsten, die an Eichen wachsen. Sie entstehen, wenn eine Wespe ihre Eier auf einem Blatt ablegt.

welcher sich inzwischen Bonifatius nannte. In Hessen wurden an den ersten Klosterschulen die Buchstaben so geschrieben, wie es Bonifatius und Wigbert aus Britannien kannten. An den Klöstern gab es neben den Schulen Skriptorien, Schreibhallen. Da man Bücher noch nicht drucken konnte, mussten sie von Hand abgeschrieben werden.

Damals Kloster, heute Gymnasium: Schlüchtern

Wie kam ein Kind in eine Klosterschule?

Viele Klöster hatten eine innere und eine äußere Schule. In der äußeren Schule wurden Kinder unterrichtet, deren Familien wollten, dass sie etwas lernten. Sie konnten später verschiedene Berufe ausüben. In die innere Schule gingen die Novizinnen oder Novizen. Das waren Kinder, die von ihren Eltern dem Kloster quasi geschenkt wurden. Sie blieben in der Regel ihr Leben lang im Kloster. Die Eltern gaben die Kinder meist nicht weg, weil sie sie loshaben wollten. Oft übergaben sie dem Kloster mit dem Kind sogar ein Haus, ein Feld, einen Weinberg oder Geld. Sie wollten dem Kind etwas Gutes tun, wollten, dass es sein Leben lang versorgt war, oder sie wollten Gott danken. Die Kinder wurden nicht gefragt. Heute entschließen sich immer noch Menschen dazu, ihr Leben Gott zu weihen. Sie tun das aber freiwillig und müssen mindestens 16 Jahre alt sein.

Wohin gingen zehnjährige Kinder?

Mit etwa zehn Jahren konnte ein Junge im Mittelalter mit einer Ausbildung als Handwerker beginnen. Er musste davor keine Schule besucht haben. Mädchen und Frauen hatten in den meisten Städten keinen eigenen Beruf. Eine große Ausnahme war Frankfurt am Main. Dort konnten Mädchen Bäckerin oder Gewandschneiderin werden.
Wer überhaupt etwas lernen durfte, bestimmten die Zünfte. Zu ihnen gehörten die Meister eines Berufs und einer Stadt. Lernen durfte nur, wer nachweisen konnte, dass die Eltern offiziell verheiratet waren. Außerdem mussten schon die Eltern einen ehrbaren Beruf haben. Müller oder Schäfer galten zum Beispiel als nicht ehrenwert, weil sie vor der Stadt ausgeübt wurden.
Mit Beginn der Lehre zog der Lehrling zum Meister und seiner Frau. Er wurde Teil der Familie, bekam dort zu essen und Kleidung. Die Eltern mussten dafür bezahlen, obwohl nicht alle Meister ihre Lehrlinge gut behandelten. Viele Lehrlinge bekamen zu wenig zu essen oder wurden geschlagen.

Lehrlinge gingen auf Wanderschaft, um an anderen Orten mehr zu lernen. Der Druck oben stammt aus einem Wanderbuch.

Gingen Ritter in die Lehre?

Die Söhne von Rittern verließen mit sieben Jahren ihre Familien und die eigene Burg, um sich auf das Leben als Ritter vorzubereiten. Sie dienten oft anderen, mächtigeren Adeligen als Pagen. Pagen lernten reiten,

jagen, aber auch musizieren, singen, tanzen und gutes Benehmen. Für die Manieren war meistens die Burgherrin zuständig, die dem Pagen auch Gehorsam, Höflichkeit und den christlichen Glauben näherbrachte. Der Page servierte das Essen und trug den Damen die Schleppe am Kleid hinterher.
Mit 14 Jahren wurde der Page zum Knappen. Bei einer Feier wurde ihm sein eigenes Kurzschwert übergeben. Der Knappe musste seinem Ritter dienen, sein Schwert tragen oder ihm helfen, die eiserne Ritterrüstung anzulegen. Er hatte die Aufgabe, die Waffen zu pflegen und sich um die Pferde zu kümmern.
Mit ungefähr 20 Jahren war die Lehrzeit beendet, und der Knappe wurde zum Ritter geschlagen. Nun bekam er ein langes Schwert.

Ein Schloss zum Entdecken

Besichtige das Schloss Braunfels!

Raus aus den Straßenschuhen, rein in die Filzpantoffeln, und auf geht's in den Rittersaal im Schloss Braunfels. Dort erfährst du bei einer Führung eine Menge über die Rüstungen und Waffen verschiedener Jahrhunderte. Du kannst dir Schwerter, kleine Kanonen und ein Pferd in Rüstung anschauen. Danach hast du die Möglichkeit, den Bergfried zu erklimmen, den höchsten Turm des Schlosses: 142 Stufen läufst du über eine Wendeltreppe hinauf. Oben wirst du mit einem Ausblick über den Taunus und den Westerwald belohnt. Wenn du im Schloss noch nicht genug wertvolle Vasen, Möbel und Gemälde gesehen hast, kannst du auch das fürstliche Familienmuseum mit Münzen, Uniformen, Kleidern und Schmuckstücken besichtigen.
Für Schulklassen gibt es besondere Führungen. Dabei dreht sich zum Beispiel alles um Ritter und Prinzessinnen. Ihr lernt, was es mit einem Wappen auf sich hat, ihr könnt ein Kettenhemd anfassen, an einem Bilder-Suchspiel im Rittersaal teilnehmen und mehr über das Leben von Prinzessin Luise erfahren.

Schloss Braunfels
Belzgasse 1/Navi: In den Anlagen
35619 Braunfels
www.schloss-braunfels.de

Das Konrad-Duden-Denkmal ist im Stiftsbezirk von Bad Hersfeld direkt vor dem Katharinenturm zu finden.

Seit wann gibt es Rechtschreibung?

Bis vor etwa 140 Jahren gab es keine Rechtschreibregeln. Da war es schwer, so zu schreiben, dass auch jeder direkt wusste, was gemeint war. Teilweise musste man Texte laut lesen, um zu erraten, was sie bedeuteten. Den Leiter des Gymnasiums in Bad Hersfeld, Konrad Duden, störte das, doch eine Konferenz, bei der eine in Deutschland allgemeingültige Schreibweise beschlossen werden sollte, kam zu keinem Ergebnis. 1880 wurde Konrad Dudens »Vollständiges orthographisches Wörterbuch der deutschen Sprache« gedruckt.

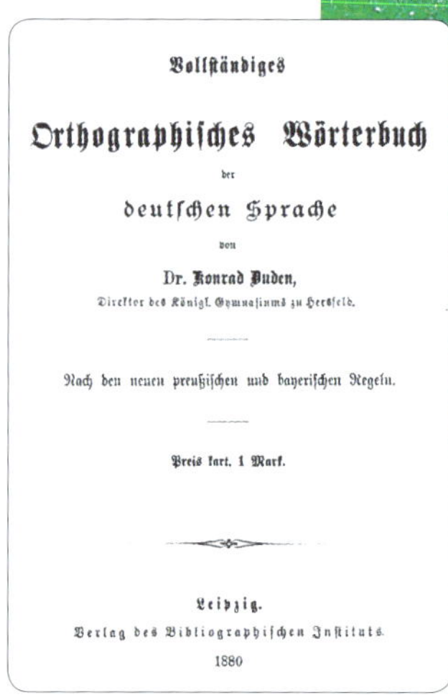

Vollständiges

Orthographisches Wörterbuch

der

deutschen Sprache

von

Dr. Konrad Duden,

Direktor des Königl. Gymnasiums zu Hersfeld.

Nach den neuen preußischen und bayerischen Regeln.

Preis kart. 1 Mark.

Leipzig.

Verlag des Bibliographischen Instituts.

1880

Titelblatt des ersten Dudens, der die Rechtschreibung regelte.

Duden hat die Schreibweise so nah wie möglich daran ausgerichtet, wie man ein Wort ausspricht. 20 Jahre später einigten sich Vertreter deutscher Bundesstaaten und Österreichs, dass Dudens Vorschläge gültig sein sollten. Die Schweiz schloss sich an. Konrad Duden ist vor über 100 Jahren in Wiesbaden-Sonnenberg gestorben, seine Regeln wurden immer wieder überarbeitet. Im Kern gelten sie aber noch heute.

Was lernen Kinder, die nicht sehen können, in der Schule?

Interview mit Claus Duncker. Er ist Rektor der Deutschen Blindenstudienanstalt e. V. (blista) und Mathelehrer in Marburg.

Seit wann gibt es die blista, und für wen wurde sie gegründet?

Die blista wurde im Jahr 1916 ins Leben gerufen – mitten im Ersten Weltkrieg. Man wollte den Soldaten helfen, die im Krieg durch Explosionen und Giftgas erblindet waren. An der blista bot man Kurse in Blindenschrift an und produzierte viele Lehrbücher. Bald unterstützte man alle blinden Menschen, die lernen, studieren und einen guten Arbeitsplatz finden wollten.

Gibt es auch eine Grundschule für blinde und sehbehinderte Kinder?

Die Grundschulen für blinde und sehbehinderte Kinder sind über ganz Deutschland verteilt, viele Kinder lernen auch inklusiv und besuchen die Schulen am Wohnort. Die blista ist ein Gymnasium, die Jüngsten sind in der 5. Klasse.

Wie lernen die Kinder lesen und schreiben?

Eigentlich wie alle Kinder, nur dass die Schrift für blinde Kinder tastbar ist, es ist eine Punktschrift. Für Kinder mit Sehbehinderung kann es hilfreich sein, wenn man die Buchstaben stark vergrößert oder farbig unterlegt.

Haben die Kinder andere Fächer als an einer »normalen« Schule?

Die Fächer sind die gleichen wie überall, und bei den Abiturnoten liegen die »Blistaner« ebenfalls im deutschen Durchschnitt. Damit die Schülerinnen und Schüler selbstständig unterwegs sein können – zur Schule, zum Einkaufen, zum Kino oder Sportverein –, haben sie zusätzlich Unterricht, zum Beispiel mit dem weißen Langstock, das Fach heißt »Orientierung und Mobilität«.

Was gefällt Ihnen besonders an der Arbeit mit Kindern, die nichts oder wenig sehen können?

An der blista sind die Klassen klein, und die Einzelnen zählen. Es macht viel Freude, zu erleben, wie die Kinder hier an der blista ihre unterschiedlichen Fähigkeiten entdecken und gekonnt weiterentwickeln.

Claus Duncker ist Rektor und Lehrer in Marburg.

Heute stehen die Menschen Schlange vor dem Fridericianum.

Was zeigte das weltweit erste Museum?

1779 eröffnete mit dem Museum Fridericianum in Kassel das erste extra zu diesem Zweck gebaute öffentliche Gebäude der Welt.

Der Namensgeber des Fridericianums, Landgraf Friedrich II., wollte, dass seine Untertanen sich dort bilden konnten. Das Museum sollte so etwas sein wie ein begehbares Lexikon, in dem man Kunst und Wissenschaft kennenlernen konnte. Es gab eine Sammlung von antiker Kunst. Sie war zu dieser Zeit auch für damals

Ein großer Gelehrter

Johann Wolfgang von Goethe wurde am 28. August 1749 in Frankfurt am Main geboren. Er musste nicht zur Schule gehen, sondern bekam Unterricht von Hauslehrern. Statt in einer Klasse zu sitzen, lernte er nur mit seiner Schwester Cornelia. Latein und Griechisch unterrichtete ein in der Türkei geborener Lehrer. Den meisten Unterricht hatten die Kinder aber direkt bei ihrem Vater, der wenig berufliche Pflichten hatte. Goethe gilt als einer der bedeutendsten Dichter Deutschlands.

moderne Künstler Vorbild, weil die Personen, die dargestellt waren, sehr realistisch aussahen. Oft waren sie schöner als die Durchschnittsmenschen. Nicht jeder konnte sich eine Reise nach Italien leisten – und so waren die ausgestellten Modelle antiker Gebäude, die aus Kork geschnitzt worden waren, eine Möglichkeit, sie trotzdem kennenzulernen.

Man konnte Medaillen, Automaten, wissenschaftliche Messinstrumente und Uhren bestaunen. In einem Kartensaal konnten sich Besucher andere Erdteile ansehen, und die Bibliothek hatte Platz für 100.000 Bände. Selbst eine Sternwarte war vorhanden, in der Museumsbesucher nachts den Himmel beobachten konnten.

Ausflugstipp!

Wie Schrift zu Kunst wird, kannst du in Hatzfeld lernen.

Das Haus der Buchstaben

Die Reise in die Geschichte der Schrift in Hatzfeld beginnt damit, dass ihr euch die passenden Hausschuhe suchen müsst. Die Paare, die zusammenpassen, sind mit Buchstaben geschmückt. Die auf dem rechten und dem linken Pantoffel müssen zusammen ein Wort ergeben. Die Schönschreib-Künstlerin Roma Fromme-Monsees beherrscht 120 Schriften. Sie hat in ihrem Museum »Das Haus der Buchstaben« die Geschichte der Buchstaben auf den Fußboden und die Wände aufgemalt. In Vitrinen sind verschiedenste Werkzeuge ausgestellt, mit denen Menschen geschrieben haben.
Die Schreibkünstlerin bietet auch Kurse an. Die Kunst des Schönschreibens nennt man Kalligrafie. Bei Roma Fromme-Monsees kann man sie erlernen.

Roma Fromme-Monsees
Atelier für Kalligraphie und Heraldik
Berleburger Straße 20
35116 Hatzfeld (Eder)
www.fromme-monsees.de

Die Lahmeyerwerke AG stellte auch elektrische Lampen und Motoren her.

Warum mussten Kinder in Fabriken arbeiten?

Vor über 130 Jahren begann auch im Großherzogtum Hessen die Zeit von Straßenbahn, elektrischem Licht und Telefon – zumindest in den Städten. Für viele Menschen wurde das Leben dadurch aber nicht einfacher. Sie lebten ärmlich, und viele Kinder konnten nicht zur Schule, sondern mussten mit zur Arbeit gehen, um Geld zu verdienen, damit die Familie genug zu essen hatte. 1891 wurde endlich ein Gesetz erlassen, das die Kinder schützen sollte. Es wurde verboten, dass Kinder unter 14 Jahren länger als sechs Stunden pro Tag in der Fabrik arbeiten. An dieses Gesetz hielten sich nicht alle Arbeitgeber und auch

Ein Firmeninhaber lässt sich mit seinen Arbeiterinnen und Arbeitern fotografieren.

nicht alle Kinder. Immer wieder wurden Firmen angezeigt, weil dort Kinder den ganzen Tag arbeiteten – jeden Tag. Es gab auch Gesetze, die die Arbeitszeit der Erwachsenen regelten. Seit 1873 mussten sie »nur« noch für zwölf Stunden am Tag in die Fabrik. Oft reichte der Lohn aber gerade für eine Familie mit sechs Kindern.

Wo wurde die Kleinbildkamera erfunden?

Schon vor etwa 170 Jahren wurde in Wetzlar eine Firma gegründet, die Mikroskope herstellte. Es kamen Ferngläser und Episkope, eine Art Projektor, dazu. Mit ihnen konnte man Bilder aus Büchern an die Wand projizieren. Ein wichtiges neues Produkt waren Filmkameras für Spielfilme. Für sie verwendete man lange Filmstreifen, die Bild für Bild belichtet wurden und Löcher an den Seiten hatten, womit der Apparat den Film weiterschob. Oskar Barnack arbeitete an der Entwicklung von Filmkameras und erfand für Wanderausflüge mit der Familie eine Kamera, in die man Filmstreifen einlegen konnte, um Bilder zu machen. Eine Kamera, die so leicht war, dass man sie in den Rucksack stecken konnte – das hatte es noch nicht gegeben. Zum Weitertransport des Films ging ein Deckel vor dem Objektiv zu, und der Film wurde an jeder Stelle nur einmal belichtet: Die Leica war geboren! Sie wurde sehr berühmt und war ein Riesenerfolg.

***Erste Bilder** mit der Leica in Wetzlar, aufgenommen von Oskar Barnack*

Hohe Auflage

Die Kamera wurde vor 90 Jahren in großen Stückzahlen gebaut. Damit man seine Bilder von Ausflügen, Urlauben und Familienfesten Freunden zeigen konnte, wurde der Diaprojektor erfunden. Das Unternehmen Leica stellt heute auch digitale Kameras her, für die man keine Filme mehr braucht. Die Firma beschäftigt inzwischen insgesamt 1.400 Menschen.

***Die alte Leica** hat heute Sammlerwert.*

Wer war der größte Fahrradhersteller?

Die Gebrüder Opel auf einem ihrer Räder sowie das alte Opel-Logo

Adam Opel hat im August 1862 in seinem Heimatort Rüsselsheim in einem Kuhstall mit dem Bau von Nähmaschinen begonnen – mit großem Erfolg. Seine fünf Söhne drängten ihn vor 130 Jahren ebenfalls dazu, ein damals ganz modernes Verkehrsmittel zu bauen: das Fahrrad. Das erste Opel-Fahrrad war ein Hochrad. Adam Opels Söhne bauten die Fahrradfabrik zur damals größten Fabrik weltweit aus und wurden auf den Opel-Rädern sehr erfolgrei-

Ausflugstipp!

Deutsches Baumaschinen-Modellmuseum

Ihr liebt Modellautos? Dann gefällt euch auch sicher das Baumaschinen-Modellmuseum in Weilburg-Gaudernbach! Die mehr als 1.200 Modelle stehen teilweise nach Fahrzeugarten sortiert in Vitrinen. Besonders toll aber sind die drei Panoramen, in denen Baustellen ganz realistisch nachgestellt sind und in denen man die Fahrzeuge beim Einsatz sehen kann. Ein Baustellenpanorama zeigt die verschiedensten Hoch- und Tiefbaustellen, eines sogar einen Steinbruchbetrieb. Vor der Tür des Museums stehen Baufahrzeuge in groß: ein Seilbagger, eine historische Steinwalze und eine Kleinraupe.

Deutsches
Baumaschinen-Modellmuseum
Brückenstraße 46
35781 Weilburg-Gaudernbach
www.weilburg.de/de/sehenswuerdigkeiten/baumaschinenmuseum

che Rennfahrer. Bereits 1923 hatte das Unternehmen in Deutschland Fließbänder, an denen gearbeitet wurde. Alle sieben Sekunden lief ein Fahrrad vom Band. Dadurch wurden die Räder preiswerter, und mehr Menschen konnten sich ein Fahrrad leisten. Das Unternehmen baute in der Zwischenzeit auch Autos. Seit 1909 wurde ein Auto gebaut, mit dem man über schlechte Straßen fahren konnte. Es war deswegen besonders bei Tierärzten und Ärzten auf dem Land beliebt, die mit diesem Auto auch Patienten in abgelegenen Dörfern erreichen konnten. Heute arbeiten mehr als 16.500 Mitarbeiter in Deutschland für Opel.

Wann wurden Erwachsene und Kinder zur Arbeit gezwungen?

In Stadtallendorf wurde im Zweiten Weltkrieg Sprengstoff hergestellt. Viele der Männer, Frauen und sogar Kinder, die dort arbeiteten, taten das nicht freiwillig. Sie wurden zur Zwangsarbeit verpflichtet. Unter den Zwangsarbeitern waren Menschen aus verschiedenen Ländern. Sie mussten in Lagern leben mit engen Holzbaracken, die kaum geheizt werden konnten. Die Arbeit war schwer und katastrophal für die Gesundheit. Manche der Arbeitenden waren Kriegsgefangene. Deutsche holten sie aus den Ländern, die sie im Krieg überfallen hatten. Andere mussten arbeiten, weil sie Juden waren, also eine Religion hatten, die die Mitglieder der regierenden Nationalsozialistischen Partei ablehnten. Zwangsarbeiter gab es überall in Hessen: auf Bauernhöfen, in Fabriken, bei der Bahn. Sie bekamen kaum Nahrung. Ein damals 14-jähriges Mädchen hat in einem Brief über das tägliche Essen geschrieben: »Es gab schmutzige Suppe aus nicht geschälten Kartoffeln zusammen mit Erdeklumpen und Stroh, dazu gehörten auch 100 Gramm nasses Brot aus Rübe und Kleie.«
Viele Zwangsarbeiterinnen und Zwangsarbeiter starben durch die harte Arbeit.

Das Lager Münchmühle Stadtallendorf ist nur eines unter vielen ehemaligen Arbeits- und Konzentrationslagern in Deutschland.

Wie spielte und feierte man in Hessen?

Die antike Vase zeigt ein ballspielendes Mädchen.

Römisches Ballmädchen

Welche Ballspiele gab es vor 2.000 Jahren?

Schon als Hessen teilweise noch zum Römischen Reich gehörte, liebten die Kinder Ballspiele. Ein mehr als 2.000 Jahre alter Ball gehört zu den Stücken des Puppen-

Der Ball wurde bestimmt ganz oft zum Spielen genommen!

und Spielzeugmuseums in Hanau-Wilhelmsbad. Zum Fußballspielen ist er etwas zu klein. Er war wohl eher zum Werfen gedacht gewesen. Der neun Zentimeter große Ball besteht aus einem Leinengewebe mit einer netzartigen Umhüllung aus farbiger Wolle.
Das Spielzeugmuseum zeigt noch andere Gegenstände, mit denen Kinder vor 2.000 Jahren spielten: Tonpfeifen, Rädertiere, die man hinter sich herziehen konnte, Puppengeschirr und Fahrzeuge zum Spielen mit vorgespannten kleinen Eseln.

Wo wurden Murmeln hergestellt?

Murmeln nennt man in Hessen auch Üller. Diese werden seit 400 Jahren zu Tausenden in Großalmerode hergestellt. Um sie zu produzieren, braucht man Ton. Der lagert unter dem Hirschberg, noch heute wird hier Ton abgebaut. Die dort ebenso vorhandene und benötigte Braunkohle förderten Bergmänner. Man braucht sie, um den Ton zu brennen, damit aus dem weichen, lehmigen Material harte Kügelchen werden. Die Murmeln sollen glänzen und außen glatt sein, darum wird Steinsalz in das Feuer gegeben, dessen Gase auf der Oberfläche eine Glasschicht bilden.

Mitmachtipp!

Lasse die Murmel rollen!

DU BRAUCHST:
3 Murmeln pro Kind, am besten mehrere Mitspieler

SO GEHT'S:
Grabe ein etwa faustgroßes Loch in den Boden. Markiere sieben Schritte vom Loch entfernt den Startpunkt. Zähle mit einem Abzählreim ab, in welcher Reihenfolge ihr spielt. Jeder wirft nun drei Üller zum Loch und versucht, es zu treffen. Je nach Entfernung der einzelnen Murmeln vom Loch wird nun weitergespielt. Der Spieler, der mit den meisten Üllern bereits ins Loch getroffen hat, oder derjenige, dessen Üller dem Loch am nächsten liegen, beginnt. Er schnipst mit dem Zeigefinger die am Boden liegenden Kugeln Richtung Loch. Verfehlt er es, ist der Nächste an der Reihe.
Wer alle seine Murmeln als Erster versenkt hat, ist Sieger und erhält alle Murmeln. Die Verlierer können nun den Gewinner wieder herausfordern.

Lullusfest in Bad Hersfeld: *Eine große Attraktion ist immer wieder das Riesenrad.*

Wer war Lullus?

Das älteste Volksfest, das in Hessen noch gefeiert wird, ist das Lullusfest in Bad Hersfeld. Man feiert es seit über 640 Jahren. Im Jahr 852 wurde dort eine neue Kirche gebaut. Es war üblich, dass Knochen von Menschen, die in ihrem Leben besonders vorbildlich gelebt hatten, in einer Kirche aufbewahrt wurden. Die Menschen hofften, dass Gott in der Nähe solcher Knochen besonders nahe ist und man dort Hilfe für sich und seine Freunde und Familie

Die Figur des Bischofs steht in Bad Hersfeld und besteht aus Terracotta, gebranntem Ton.

erbitten kann. In die Kirche in Hersfeld wurden die Knochen von Bischof Lullus gebracht. Jedes Jahr am 16. Oktober pilgerten nun Gläubige zu dem Grab. Die Volksmenge zog Kaufleute und Schausteller an, die in Bad Hersfeld Töpfe, Stoffe und Medizin verkauften und Theaterstücke aufführten. Mit der Zeit kamen Vergnügungs- und Fahrgeschäfte dazu.

Läuten für Lullus!

Die älteste Glocke Deutschlands ist die »Lullusglocke« im Kloster Hersfeld. Sie wurde im Jahr 1038 gegossen. Sie läutet nur noch am 16. Oktober, zum Todestag von Lullus, und zu hohen Feiertagen.

Katharinenturm Bad Hersfeld

Welches Ziel hat der Hessentag?

Das hessische Landesfest bietet jedes Jahr Lesungen, Trachtentänze, Musicals und Konzerte, Kinderspiele und Theateraufführungen. Die Idee dahinter: Wer zusammen feiert, der lernt sich besser kennen und verstehen. Menschen, deren Oma und Opa schon in Hessen gelebt haben, und Zuwanderer, Flüchtlinge und Heimatvertriebene sollten sich auf dem Fest begegnen. Das war der Ursprung für den Hessentag, der 1961 vom damaligen hessischen Ministerpräsidenten Georg August Zinn eingeführt wurde. In den vergangenen Jahren hat der Hessentag jedes Jahr mehr als eine Million Besucher angezogen. Er ist damit das älteste und größte Landesfest in Deutschland.

Überall in Hessen gibt es am Hessentag tolle Veranstaltungen.

Wann gibt es Prozessionen?

Bei Prozessionen findet der Gottesdienst nicht in einer Kirche statt, sondern sozusagen auf der Straße. Die Gläubigen gehen dabei. Sie singen und beten. Besonders von der katholischen Kirche werden Prozessionen abgehalten.

Prunkvoll sind die Fronleichnamsprozessionen. »Leichnam« bedeutete ursprünglich »Körper«. Es geht bei der Prozession um den Körper des Herrn, »Vron« ist ein altes Wort dafür. Die Christen erinnern damit an Jesus. Sie glauben, dass er sein Leben geopfert hat, damit die Menschen nach dem Tod ein ewiges Leben haben werden. Während der Fronleichnamsprozession in Mardorf, das zu Amöneburg gehört, dürfen keine Autos fahren. Die Gläubigen schmücken mit großem Aufwand schon vor der Prozession Bögen mit Papierblumen. Durch diese Bögen geht bei der Prozession die ganze Gemeinde. Die Blaskapelle spielt, und Böllerschüsse werden abgefeuert.

Am Karfreitag findet in Bensheim eine Prozession statt. Das ist aber keine alte hessische Tradition. Erst vor weniger als 40 Jahren haben dort lebende Italiener, die im Verein zusammen Fußball spielten, diese Tradition aus ihrer Heimat nach Deutschland gebracht. Sie spielen die Geschichte der Bibel nach, wie Jesus verurteilt wird, ein Kreuz tragen muss und hingerichtet wird.

Die Karfreitagsprozession findet in Bensheim in der Fußgängerzone statt.

An wen denken wir am 11. November?

Das ist der Tag des heiligen Martin, auch Martinstag genannt. Man erinnert sich an diesem Tag an Martin von Tours. Er wurde vor 1.700 Jahren im heutigen Ungarn geboren und wuchs in Italien auf. Im Alter von 15 Jahren wurde Martin Soldat und blieb es, bis er eines Abends auf seinem Heimweg einen armen frierenden Mann in dünnen Kleidern traf. Martin war damals 18 Jahre alt. Ohne zu zögern nahm Martin seinen warmen Mantel und teilte diesen mit seinem Schwert in der Mitte. Eine Hälfte seines Mantels gab er dem Bettler. In dieser Nacht, sagt die Legende, kam Jesus im Traum zu Martin und sagte ihm, er selbst sei der arme Mann gewesen. Daraufhin gründete Martin ein Kloster. Seine Geschichte wird erzählt, weil der heilige Martin als Vorbild dienen soll, seinen Besitz mit anderen zu teilen. Allein in Frankfurt am Main gibt es über 40 Martinsumzüge, bei denen die Kinder mit ihren selbst gebastelten Laternen durch die Straßen gehen und singen. Oft endet der Umzug mit einem Martinsfeuer.

Wie feiert man Weihnachten?

An Weihnachten feiern Christen, dass Gott vor über 2.000 Jahren auf die Erde gekommen ist, und zwar als Kind. Jesus, so glauben sie, wurde in einem Stall in Bethlehem geboren, weil Maria, seine Mutter, unterwegs war und in jener Nacht kein Bett in einer Herberge finden konnte. Im Stall lag das göttliche Kind auf Heu und Stroh. Auf Weihnachtsbildern kann man oft auch einen Ochsen und einen Esel sehen.

An Weihnachten gibt es in vielen hessischen Familien Geschenke. Das älteste Bild, auf dem eine Bescherung vor einem geschmückten Tannenbaum zu sehen ist, stammt von dem Maler Nikolaus Hoffmann aus Darmstadt. Das Bild ist 250 Jahre alt. Dargestellt ist eine Wohnstube, in der sich die Familie versammelt hat. Offenbar gerade eingetroffen ist eine verkleidete Frau in einem langen weißen Gewand. Sie wendet sich an die Kinder, um die braven zu beschenken und die unartigen zu bestrafen. Auf dem Tisch stehen die Geschenke: Puppen, Tiere und andere Holzfiguren sowie ein Büfett mit Puppengeschirr und eine Obstschale.

Glänzende Idee

Eine weitere »Weihnachtsidee« kommt aus Hessen: Die erste innen versilberte Christbaumkugel konnte hergestellt werden, nachdem Justus von Liebig 1870 herausgefunden hatte, wie man Glas mit einer Silberlösung beschichten kann.

DER ESEL ALS HAUPTPERSON

In Leeheim heißt es, dass das Christkind mit einem Esel kommt. Für den holen die Kinder am 24. Dezember morgens um zehn Uhr ein Heubündel im Museumshof. Während des 16-Uhr-Läutens der Kirchturmglocken bringen sie die Bündel zu Großeltern, Paten, Verwandten oder Freunden. Mit dem Spruch »Christkind, komm in unser Haus, leer deine schönen Sachen aus. Stell deinen Esel an den Mist, dass er Heu und Hafer frisst«, werden die Heubündel an die Haustür gehängt. Danach bekommen die Kinder ihre Weihnachtsgeschenke.

Seit wann essen die Hessen zu Weihnachten Lebkuchen?

Deutschland führte immer wieder Krieg mit Frankreich. Durch die Kriegswirren kamen öfter französische Soldaten nach Hessen. Sie brachten Lebkuchenrezepte aus Straßburg mit in den Odenwald. Dort wurden vor etwa 230 Jahren 16 Lebkuchenbäckereien eröffnet. Heute gibt es leider nur noch eine davon. Seit dem Jahr 1785 steht sie in Beerfurth. Ihre Produkte wurden nicht nur vor Ort verkauft, sondern die Händler gingen mit ihnen hausieren. Sie klingelten an allen Türen und verkauften sie direkt an die Bewohner.

Lebkuchen galten als heilend und gesund. Noch heute werden in Beerfurth im Gersprenztal die alten Geräte benutzt.

Backe Schoko-Lebkuchen!

Hier helfen dir deine Eltern!

ZEIT leo Mitmach-tipp!

DU BRAUCHST (für ein Blech):

- 50 g Butter
- 2 Eier (Größe M)
- 80 g Zucker
- 150 g Weizenmehl (Typ 405)
- ½ Päckchen Backpulver
- 3 TL Lebkuchengewürz
- 1 EL Kakaopulver
- 40 g geriebene Mandeln
- 40 g geriebene Haselnüsse
- 50 g Zitronat
- 60 g Rosinen
- 100 ml frische Vollmilch
- 30 kleine Oblaten
- 200 g Vollmilchschokolade
- 75 g blanchierte Mandeln (weiß, ohne braune Häutchen)

SO GEHT'S:

1. Schlage Butter, Eier und Zucker mit dem Handrührgerät schaumig.
2. Schütte nach und nach Mehl, Backpulver und Lebkuchengewürz dazu. Rühre immer weiter, bis die Masse teigig wird.
3. Tausche die Rührstäbe gegen die Knethaken aus. Dabei muss das Gerät unbedingt ausgeschaltet sein! Gib die restlichen Zutaten bis auf die Oblaten, die Schokolade und die Mandeln in den Teig. Mische sie gut unter.
4. Heize den Ofen auf 180 Grad Ober- und Unterhitze vor.
5. Nimm einen Teelöffel Lebkuchenmasse und verteile sie mit Hilfe eines anderen Teelöffels auf einer Oblate. Packe diese dann auf ein mit Backpapier ausgelegtes Blech. Wenn du mit allen Oblaten fertig bist, backe sie auf der mittleren Schiene etwa 20 Minuten lang.

6. Hole die Lebkuchen aus dem Ofen, lasse sie abkühlen.
7. Hacke nun die Schokolade etwas klein. Lege sie in eine Metallschüssel und stelle diese in einen Topf, der mit heißem Wasser gefüllt ist. So bringst du die Schokolade zum Schmelzen. Rühre sie immer wieder um. Hat sich die ganze Schokolade aufgelöst, nimm die Schüssel aus dem Wasser. Passe auf, dass kein Wasser in die flüssige Schokolade gelangt, sonst wird sie wieder fest, und man bekommt sie nicht mehr flüssig.
8. Bestreiche die abgekühlten Lebkuchen mit der flüssigen Schokolade und garniere jeden mit einer Mandel.

Für ZEIT LEO denkt sich die berühmte Köchin Sarah Wiener Rezepte aus, die jeder nachmachen kann. Unter dem Motto »Ich kann kochen!« hat sie eine Ernährungsbildungsinitiative ins Leben gerufen, bei der Lehrer und Erzieher kostenfrei fortgebildet werden. www.ichkannkochen.de

Auf der Lahn rudern Frauen in einem Achter.

Wer brachte den Rudersport nach Hessen?

Das sportliche Rudern kam aus England nach Deutschland. In der Hafenstadt Hamburg lebten junge Engländer, die Handel zwischen England und Deutschland trieben. Sie gründeten vor fast 190 Jahren einen Verein.

In einem Internat in Frankfurt und Offenbach, in das nur Jungs gehen durften, organisierten zur selben Zeit junge Engländer Fahrten auf dem Main in Booten mit vier Ruderern. 19 Jahre nach der Gründung des Hamburger Ruderclubs

wurde mit dem Frankfurter Ruderverein der erste Ruderverein in Frankfurt gegründet. Es war auch der erste in einer Stadt, die nicht an der Küste lag. Zuerst war Rudern Männersache. Viele Mitglieder in den Rudervereinen standen der Frauenruderei anfangs sehr skeptisch gegenüber. Die Frauen ließen sich aber nicht lange ausschließen: 1913 wurde in Kassel der Casseler Frauen-Ruderverein gegründet. Die ersten Mitglieder waren Lehrerinnen. Sie ruderten in langen schwarzen Wollstrümpfen, Pumphosen und Matrosenblusen. Viele Väter verboten ihren Töchtern dennoch, in den Verein einzutreten. Sie machten sich Sorgen, dass man beim Rudern die Beine der Mädchen sehen könnte.

Turnen mit Tradition!

Die erste Unterrichtsstunde im Turnen in ganz Hessen fand 1804 an der Musterschule in Frankfurt statt. Sie hatte nur neun Schüler. Zunächst durften nur Jungen turnen, erst später kamen auch Mädchen dazu.

NUR WAS FÜR MÄNNER?

Dressurreiten war ehemals ein Männersport. Nur Offiziere, also Soldaten mit einem hohen Rang, zeigten ihre Kunst bei Reitvorführungen. Die hessische Reiterin Liselott Linsenhoff gewann 1972 als 45-Jährige in München als erste Frau die olympische Einzelgoldmedaille im Dressurreiten. Sie ritt auf dem Hengst Piaff. Heute züchtet ihre Tochter Pferde auf dem Gestüt »Schafhof« im Taunus.

Welche Schwimmhalle ist über 100 Jahre alt?

Das schönste Hallenbad Hessens ist das Jugendstilbad Darmstadt. Gebaut wurde es von 1907 bis 1909. Das Bad verfügte ursprünglich über zwei Schwimmhallen sowie Bereiche für Wannen- und Dampfbäder. Damals hatten nämlich die meisten Wohnungen noch kein Badezimmer. Das Schwimmbad war also nicht nur zum Schwimmen da, sondern auch dafür,

sich zu reinigen und Körperpflege zu betreiben. Entsprechend den moralischen Vorstellungen der Zeit herrschte eine klare Trennung der Geschlechter. Das Männer- und das Frauenbad hatten getrennte Eingänge. Heute existiert nur noch die Halle, in der einst ausschließlich Männer schwimmen durften.
Auch wenn das Schwimmbad Jugendstilbad heißt, dürfen ebenso Erwachsene dort schwimmen. Jugendstil ist der Name der Epoche, in der das Bad gebaut wurde. Damals liebte man Verzierungen, Bögen und fließende Formen. Die Eingangstür zeigt eine Blume aus Metall. Die Scheiben zu den Umkleiden ziert ein Krake mit sich windenden Armen.

Das Jugendstilbad befindet sich in Darmstadt bei der Altstadtanlage, wo man nach dem Bad spazieren gehen kann.

Rennt, Kinder, rennt!

In Kassel nehmen jedes Jahr 4.000 bis 5.000 Kinder am Minimarathon teil. Wenn sie in das Auestadion einlaufen, werden sie von ihren Fans, ihren Familien und ihren Freunden bejubelt.

Für den Marathon werden die Straßen in Frankfurt gesperrt.

Wo findet Deutschlands ältester Stadtmarathon statt?

Nach dem Zweiten Weltkrieg hungerten viele Menschen in Deutschland. Sport zu treiben war nicht wichtig. Dennoch waren 16 Teilnehmer am Start, als in Frankfurt am Main am 17. Oktober 1948 der erste deutsche Nachkriegsmarathon ausgetragen wurde.
Seit 1981 findet der Marathon jährlich statt. Er ist der älteste Stadtmarathon Deutschlands.

Der parallel dazu existierende Minimarathon gibt Kindern und Jugendlichen zwischen acht und 16 Jahren bei dem Lauf über 4,2 Kilometer die Chance, wie die Großen um die Wette zu rennen. Sie haben dasselbe Ziel und werden beim Zieleinlauf in der Festhalle genauso gefeiert wie die Erwachsenen. Diese allerdings müssen vorher zehnmal so weit laufen.

Wo gibt es das Deutsche Down-Sportlerfestival?

Das Deutsche Down-Sportlerfestival findet seit 2003 statt. Hunderte Teilnehmer mit Down-Syndrom ab dem Alter von vier Jahren messen sich in verschiedenen Leichtathletik-Disziplinen. Das Down-Syndrom nennt man auch Trisomie 21. Es ist eine genetische Besonderheit, die Menschen mit Trisomie 21 sind körperlich und oft auch geistig beeinträchtigt. Kinder mit Down-Syndrom wachsen langsamer als andere Kinder und sind meist kleiner. Sie haben aber genauso viel Freude am Spielen und Bewegen wie alle Kinder. Oft sind sie sogar beweglicher und besonders fröhlich und vergnügt bei Sport und Spiel dabei. Beim Deutschen Down-Sportlerfestival gibt es auch eine Geschwisterolympiade. Dieses spezielle Sportprogramm ist für die Geschwister, die ihre Schwester oder ihren Bruder mit Trisomie 21 nach Frankfurt begleiten. An den Stationen Dosenwerfen, Torwandschießen, Geschicklichkeitsparcours, Staffellauf, Basketball und Kegeln können die Geschwisterpaare gegeneinander antreten.

Die Geschwisterolympiade in Frankfurt fördert den Zusammenhalt in der Familie.

Wer ist schneller? Wettkampf macht allen Kindern Spaß.

Ausflugstipp!

Mit der Fernbedienung in der Hand lenkt Marlen ihren Lkw.

Truck-Trial-Parcours in Brechen-Niederbrechen

In Niederbrechen finden regelmäßig Fahrzeugrennen statt, aber ohne Krach und Gestank und noch nicht einmal hektisch. Es geht nicht um Zeit, sondern um Geschicklichkeit. Man nennt die Veranstaltungen Truck Trial. Es handelt sich um Geschicklichkeitsprüfungen. Die Fahrzeuge werden durch schwieriges Gelände gefahren, über verschiedene Untergründe, über Steilhänge, durch Wasser. Gewertet werden Fehler beim Durchfahren des Parcours. Üblicherweise starten bei Truck Trials echte Lastwagen, doch in Niederbrechen treten Modell-Lkws gegeneinander an. Sie werden ferngesteuert. Die Besitzer der Modellfahrzeuge nehmen die Rennen sehr ernst. Es gibt ein festes Regelwerk, wie die Lkws gebaut sein dürfen, und es finden Meisterschaften statt, zu denen sogar Modellbauer aus ganz Europa anreisen. Veranstaltungstermine und andere Parcours finden sich auf folgender Seite im Internet: www.scale-modell-truck-trial.de/truck-trial-termine

Interessengemeinschaft
Scale Modell Truck Trial
Limburger Straße 108
56611 Brechen-Niederbrechen
www.gemeinde-brechen.de/vereine/interessengemeinschaft-scale-modell-truck-trial.de

Das Material des Strohspiels ist billig. Kostbar wird es durch die feine Verarbeitung.

Wer besaß ein Spiel aus Stroh?

Bereits 1730 wurden im Nachlassverzeichnis des Landgrafen Carl von Hessen-Kassel Spiele erwähnt, die er besaß. Wenn eine Person verstarb, schrieb man auf, was sie an Eigentum hatte, um es gerecht unter den Erben aufzuteilen. In dem Verzeichnis aus Kassel ist die Rede von einem »Spiel Carten von Stroharbeit« und einem »Schachspiel von Stroharbeit ohne Steine«. Landgraf Carl hat wohl gern mit seinem »Strohspiel« gespielt. Das zeigt der damalige Aufbewahrungsort.

Das Spiel lagerte direkt neben seinem Schlafzimmer in der sogenannten Garderobe, aus der er es jederzeit hervorholen und damit spielen konnte. Das Schachspiel hatte auch eine Seite für Mühle und Backgammon. Das Muster der Spielbretter ist kunstvoll aus gepresstem und gefärbtem Stroh zusammengesetzt. Die gepressten Strohstücke wurden eng nebeneinander auf Papier geklebt, dann wurden Formen ausgeschnitten und zusammengesetzt, bis sich erkennbare Bilder ergaben.

Spieler aus Leidenschaft

Interview mit Klaus Teuber, dem erfolgreichen Rossdorfer Spieleautor. Von ihm stammt unter anderem auch »Siedler von Catan«.

Klaus Teuber hat immer gern und viel mit seinen eigenen Kindern gespielt.

Sie entwickeln Spiele, Herr Teuber. Haben Sie schon als Kind Spiele erfunden?

Nein, daran dachte ich als Kind nicht. Außerdem hätte ich das als Kind auch gar nicht gekonnt. Mir fehlten in diesem Alter die Lebenserfahrung, die Geduld und die Leidenschaft, die man für die Entwicklung eines Spiels braucht.

Was haben Sie als Grundschüler besonders gern gespielt?

Als ich in der Grundschule war, habe ich kaum Brett- oder Kartenspiele gespielt. Meine Eltern waren nicht sehr spielbegeistert. Wenn, dann kam vielleicht mal ein »Mensch ärgere dich nicht!« auf den Tisch.

Welches ist Ihrer Meinung nach das beste von Ihnen entwickelte und für Kinder zwischen acht und zwölf Jahren geeignete Spiel?

Mein bestes Spiel ist wohl »Siedler von Catan«.

Warum?

Es ist zwar ein Spiel ab zehn Jahren, aber ich habe erlebt, dass schon Siebenjährige ihre Eltern über den Tisch zogen. Auch wenn das Spiel kein kurzes Regelwerk hat, erschließt es sich schnell: Man erntet Rohstoffe und baut mit ihnen ein kleines Reich mit Straßen, Siedlungen und Städten auf. Wenn ein Rohstoff fehlt, handelt man mit seinen Mitspielern. Das sind ganz intuitive Handlungen.

Weltweit wird heute »Siedler von Catan« gespielt, hier in Prag.

Was gibt es noch in Hessen?

Wie spricht man Hessisch?

Das eine überall gleiche Hessisch gibt es nicht. Wissenschaftler machen einen Unterschied zwischen Niederhessisch, Osthessisch, Mittelhessisch, Südhessisch und dem sogenannten Neuhessisch. Niederhessisch wird im Raum Kassel gesprochen, zwischen Gießen und Bad Homburg spricht man Mittelhessisch.
Südhessisch spricht man vor allem in Frankfurt und Darmstadt. Neuhessisch ist ein Dialekt, den man im Allgemeinen im Rhein-Main-Gebiet hören kann. Der Klang ist Hessisch, aber es kommen wenig typische alte Wörter vor. Jeder kann den Dialekt verstehen, auch Besucher aus anderen Bundesländern. Je weiter man nach Süden kommt, desto mehr verwandeln die Hessen den »ch«-Laut in einen »sch«-Laut. Das Wort »richtig« klingt auf Südhessisch erst mit zwei »sch« »rischtisch«! Diese Regel ist wischtisch! Kein Dorschenanner!

Im Dialekt machen die Hessen meist aus dem »b« im Wort ein »w«. Aus dem Wort »Leben« wird das »Lewwe«, aus »haben« wird »hawwe«.

Am Wortende kürzen die Hessen gern ab. Bei allen »-en«-Endungen wird das »n« weggelassen. Aus »lachen« wird so »lache«, aus »lesen« wird »lese« und so weiter.

Auffallend sind die hessischen Verkleinerungsformen. Eine Sache wird niedlicher durch ein »-je« oder »-sche« am Ende.

Wer versteht's?

Viele alte hessische Reime lernen die Kinder von ihren Großeltern.

GUTEN APPETIT
NIX VERTREBBELT
UN NIX VERSCHÜTT!

*Die Linse, wo sin se?
Im Dippe, se hippe!
Deck se zu,
dann hawwe se Ruh.
Wer trotzt an de Schissel,
der schad' sich am Rissel.
Wer trotzt mit de Gawwel,
der schad' sich am Schnawwel.
Mei Mutter backt Krebbl,
sie backt se so hart,
sie legt se ins Schränksche
un gibt mer nix ab.
Wenns Sauerkraut reeschent
un Rindswerschtscher schneit,
dann bitt ich de Herrgott,
daß es Wetter so bleibt.*

Hessische Krebbl *werden andernorts Berliner Pfannkuchen genannt. Sie sind aus Hefeteig und werden in Fett ausgebacken.*

Deutsch	Hessisch
Blümchen	Blümmelsche
Blumenstrauß	Blümelscher
empfindliches Kind	Zimperliesje
Kleinkind	Bobbelsche
Küken	Hinkelsche

Es gibt im Internet sogar ein Übersetzungsprogramm für Südhessisch: **www.iwwersedser.de**
Gibt man ein:
»Überall, wo wir im Regen sitzen, bleibt eine kleine Stelle trocken«, macht der Übersetzer daraus:
»Iwwerall wu mer im Räje hogge, bleibt e kloane Stell drogge.«

Kleidung

- **Ausstellung zur Herstellung von Kleidern und Trachtensammlung** im Heimatmuseum Allendorf (Lumda), Auf der Dreispitz 14, 35469 Allendorf (Lumda)
- **Weltweit umfangreichster Bestand an Oberbekleidung des 17. Jahrhunderts** im Hessischen Landesmuseum Darmstadt, Friedensplatz 1, 64283 Darmstadt
- **Spitzen- und Leinenmuseum Haigerseelbach**, Seelbachstraße 9, 35708 Haiger-Haigerseelbach
- **Deutsches Ledermuseum**, Frankfurter Straße 86, 63067 Offenbach am Main

Ein altes Lederkleid aus dem Ledermuseum in Offenbach

Wohnen

- **Entwicklung von Öfen, Küchen und Herden** im Wirtschaftsgeschichtlichen Museum, Schlossberg 3 (Villa Grün), 35683 Dillenburg
- **Museum Kelkheim** – Sammlung für Möbelhandwerk und Stadtgeschichte, Frankfurter Straße 21, 65779 Kelkheim
- **Ausstellung zur Entwicklung von Toilette und Bad** im Museumszentrum/Volkskundliche Abteilung, Nibelungenstraße 32, 64653 Lorsch
- **Wohnräume der Grafen** im Schloss Steinau, Im Schloss 3, 36396 Steinau an der Straße

Weitere Ausflugstipps

Essen und Trinken

- **Salzmuseum**, Rosenstraße 3, 37242 Bad Sooden-Allendorf
- **Ausstellung zum Lagern von Lebensmitteln** im Keller des Museums der Oberzent, Brunnengasse 22, 64743 Beerfelden (Odenwald)
- **Ausstellung zur Zwiebackindustrie** im Philipp-Reis-Haus, Hugenottenstraße 93, 61381 Friedrichsdorf
- **Kulturhistorische Abteilung der Nutzpflanzen seit der Jungsteinzeit** im Botanischen Garten, Senckenbergstraße 6, 35390 Gießen
- **Geschichte des Honigs** im Lebendigen Bienenmuseum Knüllwald, Beiseförther Straße 12, 34593 Knüllwald-Niederbeisheim
- **Alte Nutztierrassen** im Freilichtlabor Lauresham, Im Klosterfeld 6–10, 64653 Lorsch
- **Heil- und Nutzpflanzenbeete** im Botanischen Garten, Karl-von-Frisch-Straße, 35032 Marburg

Schule und Arbeit

- ★ ***Kinderabteilung über Astronauten*** *im Stadtmuseum Haus zum Löwen, Löwengasse 24, 63263 Neu-Isenburg*
- ★ ***Historischer Schulsaal*** *im Regionalmuseum Reichelsheim (Odenwald), Rathausplatz 7, 64385 Reichelsheim (Odenwald)*
- ★ ***Schulmuseum,*** *Staufenstraße 14, 65830 Kriftel*
- ★ ***Besucherbergwerk Schiefergrube Christine,*** *Schwalefelder Straße 28, 34508 Willingen (Upland)*
- ★ ***Energiemuseum Wölfersheim,*** *Seestraße 11, 61200 Wölfersheim*
- ★ ***Grube Fortuna 1,*** *35606 Solms*
- ★ ***Südhessisches Handwerksmuseum,*** *Holzgasse 7, 64380 Roßdorf*

Feste, Spiel und Sport

- ★ ***Sammlung von Papierspielzeug*** *im Odenwald- und Spielzeugmuseum, Einhardspforte 3, 64720 Michelstadt*
- ★ ***Waldecker Spielzeugmuseum,*** *Ringstraße 15, 34454 Bad Arolsen*
- ★ ***Gewänder und Kunstwerke für kirchliche Feste*** *im Dommuseum Fulda, Domplatz 5, 36037 Fulda*
- ★ ***Schneekugelsammlung*** *im Vogelsberger Heimatmuseum Schotten, Vogelsbergstraße 95, 63679 Schotten*

Wo kommt der Honig ins Schleudern?

Aus Nordhessen stammen die ersten, 1899 in Wetzlar patentierten Honigschleudern der Welt: die Buss'sche Freischwungschleudern. Es gibt sie in mehreren Varianten. Erst mit Erfindung der Honigschleudern mussten die Bienenwaben aus Wachs nicht mehr zerstört werden, wenn der Imker oder die Imkerin an den Honig wollte – und die Bienen mussten nicht immer Kraft in den Bau neuer Waben stecken. Im Museum findet ihr neben Honigschleudern eine umfangreiche Darstellung über die Entwicklung der europäischen Imkerei. Für Schulklassen werden Führungen, Wanderungen und Aktionen angeboten.

Verein Lebendiges Bienenmuseum e. V.
Beiseförther Straße 12
34593 Knüllwald-Niederbeisheim
info@lbmk.de

Eine kurze hessische Geschichte

1 In Hessen leben schon seit der Eiszeit Menschen. Weil sie ihre Werkzeuge aus Stein hergestellt haben, nennt man diese Zeit auch Steinzeit.

2 An die Vorgeschichte schließt sich die Zeit der Germanen, Kelten und Römer an. Menschen beginnen in Städten zu leben.

3 Nach dem Rückzug der Römer beginnt das sogenannte Mittelalter. Statt eines großen Landes gibt es viele kleine Gebiete mit verschiedenen Herrschern. Zu Beginn des Mittelalters gehört Hessen zum Fränkischen Reich. Die Hessen nehmen den Glauben an Jesus an. Sie werden Christen. Im Mittelalter werden viele Städte mit Stadtmauern und Burgen gebaut.

4 Ab der Zeit nach der Entdeckung Amerikas spricht man von der Neuzeit. Wissen wird immer wichtiger. In Hessen eröffnet das weltweit erste Museum.

5 Vor etwa 150 Jahren werden immer mehr Fabriken eröffnet. Die Haushalte bekommen elektrisches Licht. Man nennt diese Zeit Industrielle Revolution.

6 Die Maschinen, Flugzeuge und Fahrzeuge machen die Kriege immer grausamer. Vor 100 Jahren endet der Erste Weltkrieg. Ihm folgt ein zweiter, den Deutschland beginnt. Auch in Hessen sterben viele Menschen. Nach dem Krieg wird unser Bundesland gegründet.

Entdeck, was in dir steckt!
ZEIT LEO, das bunte Kindermagazin der ZEIT, mit spannenden Geschichten, kniffligen Rätseln und kreativen Ideen zum Selbermachen. Damit jedes Kind entdeckt, was alles in ihm steckt.
Jetzt 1x ZEIT LEO gratis testen: Einfach Gutscheincode ZL5992EMO auf www.zeit.de/leo-gutschein eingeben!
Jetzt 1x gratis testen!
ZEIT leo
Ausgabe 1 2017
Das Magazin für Kinder
Mutig wie Maui: Andreas Bourani
Was will der neue Präsident der USA?
Wie geht es Tieren im Tierheim?
IM INTERNET? ABER SICHER!
So passt Du beim Surfen und Posten auf Dich auf
Foto: Jan von Holleben
Mehr entdecken auf: www.zeitleo.de
ZEIT leo

DIE AUTORIN

Ute Friesen schreibt seit 15 Jahren Reiseführer und Kindersachbücher. Sie tritt in Grundschulen und Bibliotheken mit Mitmachveranstaltungen zum Leben in anderen Kulturen und zur Regionalgeschichte auf. Als Lehrerin unterrichtet sie Deutsch und Geschichte.

DIE ILLUSTRATORIN

Anne Bernhardi, Jahrgang 1981, ist Diplom-Designerin und Illustratorin. Sie arbeitet seit vielen Jahren für diverse namhafte Kinderbuchverlage, liebt historische Themen und lebt und zeichnet heute bei Köln.

ZEIT leo

Tipps und Ideen für spannende Unternehmungen findest du auch alle zwei Monate in ZEIT LEO, dem Kindermagazin der ZEIT für Jungen und Mädchen ab 8 Jahren. Es regt die Fantasie an, vermittelt Wissen und will Kinder motivieren, selbst die Welt zu gestalten. Mehr dazu findest du auf www.zeitleo.de.

Bildnachweis

Anne Bernhardi: S. 6/7, 64/65; S. 11 Herbstlabyrinth (©Klaus-Peter Kappest), S. 13 Herbstlabyrinth (©SAH Breitscheid e.V.); S. 14/15, 33, 41, 71, 94 oben, 100 oben ©Bildarchiv Foto Marburg; Conny Laue: S. 19, 51, 109; S. 22 ©Privat; S. 29 Dottenfelder Hof (©Guy Sidora); S. 30 ©Neanderthal Museum Mettmann; S. 30 oben, S. 31 ©hessenARCHÄOLOGIE (©R.-J. Braun); S. 32 Keltenwelt am Glauberg (©Pavel Odvody); S. 37 Chattisches Dorf (©Reinhard Humburg); S. 47 ©Stadtbücherei Frankfurt am Main; S. 50, 75 Mitte, 80, 118 ©Museumslandschaft Hessen Kassel; S. 60 ©Museum der Stadt Butzbach; S. 61 ©Günter Zint; S. 62 ©www.wirtschaftswundermuseum; S. 63 ©Rainer Golembiewski; S. 75 unten ©Privat; S. 83 Kultur in Hessen (©Steffen Böttcher); S. 86 Historisches Museum Frankfurt (©Uwe Dettmar); S. 97 ©blista; S. 99 ©Fromme-Monsees; S. 104 Mitte Hessisches Puppen- und Spielzeugmuseum (©Joachim Wiebel); S. 111 (©Lisa Rienermann); S. 114 Mitte Sportagentur Bald (©Michael Bald); S. 115 Halbmarathon FFM (©Spiridon Frankfurt); S. 116 ©Novartis Stiftung Familienbande; S. 117 ©Sport Modell Truck Trail; S. 119 oben ©Sarah Häuser;
Fotolia: S. 28 (©C. Schiller), 24/25 (©vonWolkenegg), 34/35 (© Sven Hauswirth), S. 52 (©margo555), 94 Mitte (©travelview), 105 (©j.k.f. brinkhorst), 109 oben (©Elisabeth), 110 oben (©by-studio), 110 unten (© Marta), 112 (©everettovrk), 114 (©Branko Srot), 121 (©M.studio);
Pixelio: S. 9 (©Angelika Wolter);
Shutterstock: S. 68 (© Betacam-SP), S. 84 oben(©Artem Shadrin), S. 113 (© rook76);
Wikimedia commons: S. 4 (©Pedelecs), 8 oben (©Peter Knieling), 8 Mitte (©Zeynel Cebeci), 9 Mitte (©JeanRoulin), 9 unten, 10 (©E-W), 12 (©Otto Domes), 16 oben (©Andreas-Trepte), 16 Mitte (©Ralf Ottmann), 17 oben (©Cornelius Herget), 17 unten (©Emha), 18 (©MdE), 20 (©joergens mi), 21 (©Bbb-commons), 23 (©Marion Helft), 24 Mitte (©Steindy), 24 unten (©Wildfeuer), 25 (©Karsten Ratzke), 26 oben (©Netty 3979), 26 Mitte (© Arnstein-Rønning), 27 (©Kora27), 35 (©Topkon), 36, 38 (©Querido), 39 (©Nikanos), 40 (©Heribert Pohl), 42, 43 oben (©Popie), 43 rechts unten (©Joachim Weckermann), 43 Mitte, 44, 45 (©Gaki64), 46 (©Fernando Serna), 48 (©Stephan Röhl), 49 Mitte (©Tamorlan), 49 unten (©Kaya Yanar), 52 (©Peter van der Sluijs), 53 (©Florian Gerlach), 54 (©Suyash Dwivedi), 55 oben (©P. Gibellini), 55 Mitte, 56, 57 unten, S. 56/57 (©Dr. Klaus Lamvbrecht), 58, 67 (©Haselburg-müller), 69 (©Simsalabimbam), 70 (© GFreihalter) 72 (©Bybbisch94), 73 (©François Philipp), 74, 76 oben (©Gerbil), 76 unten (©Christos Vittoratos), 77 (©Karsten11), 78 (©Plenz), 79 oben (©Echtner), 79 unten (©Hydro), 81, 82 Mitte (©Wolfgang Sauber), 82 unten (©Isidre C), 85 Mitte (©Keith Weller), 87 Mitte (©CTHOE), 87 unten (©Volker Thies), 88, 89, 90, 91 (©Malchen53), 92, 93 Mitte (©GFDL), 93 oben (©Reinhard Dietrich), 95 (©ArtMechanic), 96 oben (©Pixman), 96 Mitte, 98 oben (©Christos Vittoratos), 98, 100, 101 oben, 101 unten (©Rama), 102, 103 (©CarstenE.), 104 rechts (©Forum Traiani), 106 oben (©GFDL), 106 Mitte (©2micha), 107 oben (©Sven Teschke), 107 unten (©Amodorrado), 108 (©Collodipera), 119 (©Matej Batha), 120, 122 links (©Deutsches Ledermuseum), 122 rechts (©Rainer Lippert), 123 Mitte (©Haselburg-müller), 123 rechts (©Fritz Gellert-Grimm), 124 oben (©Anagoria), 124 unten (©Oliver Deisenroth);
S. 13, 37, 59, 78, 85, 95 ZEIT-LEO-Tipps: ©Zeitverlag Gerd Bucerius GmbH &Co. Kg, Hamburg, Texte: Frauke König, Leo-Illustrationen Maren Amini.

Umschlag: U1: oben links ©Kurbetrieb Bad Hersfeld; oben Mitte ©Fotolyse/Fotolia.com; Mitte ©ViennaFrame/Fotolia.com; unten ©karelnoppe/shutterstock.com; ZEIT LEO-Illustration: Maren Amini; Illustrationen: Conny Laue; U4: links ©Sportagentur Bald; rechts ©wikimedia commons.

Der Verlag dankt allen Bildgebern ganz herzlich, dieses Buchprojekt mit umfangreichem Bildmaterial unterstützt zu haben. Der Verlag und die Autorin haben sich um die Rechteeinholung bemüht. Nicht in allen Fällen ist uns dies gelungen. Sollten Rechte geltend gemacht werden, bitten wir die Rechteinhaber, sich mit dem Nachweis direkt an den Verlag zu wenden.

FSC
www.fsc.org
MIX
Papier aus verantwortungsvollen Quellen
FSC® C002795

Impressum

Bibliografische Information der Deutschen Nationalbibliothek
Die Deutsche Nationalbibliothek verzeichnet diese Publikation in der Deutschen Nationalbibliografie; detaillierte bibliografische Daten sind im Internet über http://dnb.d-nb.de abrufbar.

Umschlaggestaltung: Editorial Design & Artdirection, Conny Laue, Bochum

Lektorat und Bildredaktion: Ulrike Burgi, Köln
Redaktion: Daria Gaberdan-Koprowski
ZEIT LEO-Tipps: © Zeitverlag Gerd Bucerius GmbH & Co. KG, Hamburg
ZEIT LEO-Texte: Frauke König, Köln
ZEIT LEO-Illustrationen: Maren Amini
Satz und Gestaltung: Editorial Design & Artdirection, Conny Laue, Bochum
Illustrationen: Anne Bernhardi, Leichlingen

Druck und Bindung: Livonia Print, Lettland

ISBN 978-3-7408-0323-0

Unser Newsletter informiert Sie regelmäßig über Neues von emons: Kostenlos bestellen unter www.emons-verlag.de